藤原不比等と紫式部

日本国家創建と世界文学成立

鷲田小彌太

言視舎

序　なぜ、藤原不比等か？

日本の歴代政治家のなかで、「最も成功を収めたのは、誰か？」こう設問してみたい。自問でもある。

すぐに名が浮かぶのは、藤原不比等であり、つぎに、藤原道長、平清盛、源頼朝、足利尊氏、織田信長、豊臣秀吉、徳川家康、伊藤博文、……が出てくる。もちろん、私の「即答」（アンサー）だ。

「なんだ、平凡だね。」という答えが返ってくる、と確信できる。ただし、「藤原不比等って、誰？」という疑問符が付くにちがいない。

ヘロドトス（BC484頃～420以前）『歴史《ヒストリアイ》』と司馬遷（BC145／135年?～BC前87／86?）『史記』は、西洋・東洋文明の「歴史モデル」である、とはよく知られている。「原型」のことだ。その2書によって、西洋史と東洋史がはじまった、決定された、という意だ。

日本文明の歴史モデルは『日本書紀』で、その作者（編者）は藤原不比等（155～220）だ。えっ、「知りません?!」だって。それは、いい。不比等は「大宝律令」を制定し、持統天皇の「頭脳」となって、それ以降の歴代天皇のキングメーカーとなり、聖武天皇の外祖父、聖武天皇の皇后（光明子）の父である。そして、国都＝平城京を「創建」し、嚇嚇たる成功のなかで、63歳で亡くなり、正一位太政大臣を追贈された。そう、藤原道長など、真っ青の存在なのだ。ただし、そのすごさは、私には、実感できないが。

藤原史《ふひと》、のちの不比等の官界デビューは、30代に入ってから。しかも「判事」（下級官人）だった。その上、この不比等《ふひと》（＝史）の前半生が「不明」というか、謎に包まれている。その「輪郭」なりとたどりたい、そこからなんとか「栄華」の因を探りたい。こう思えた。なにせ、不比等こそいまでもその家系が残る藤原氏の創始者なのだ。

ただし、彼の死後、その最大遺産とでもいうべき聖武天皇・光明皇后・孝謙（重祚・称徳）天皇期の混乱と逸脱の過程を多少とも明らかにしたい、というのが本書を書くささやかな私の願望だった。そうでなければ、平安期の藤原氏の「栄華」も、そして『源氏物語』をはじめとする「世界文学」＝「王朝文学」の嚇嚇たる成功もありえなかっただろうに、と思えたからだ。

学生時代から23年、飛鳥・大和路の迷策、飛鳥－吉野、大津（近江）－山科（京）－奈良－飛鳥－古野、難波－堺－大和川、さらには竹之内街道等をめぐる道程を思い起こしながら、仮想の旅をしてみることになった。楽しかったが、結論は恐ろしかった。おどろおどろしかった。

歴史旅は、「反省」の歴史でもある。そうそう、世界文学のモデルとなる源氏物語も「反省の書」でもあった。

「不比等」を書いて、不比等政治の結果が天皇制存立の危機を招き、その誤りを二度と繰り返えしてはならない、という結論＝歴史反省を得ることが出来た。王朝文学の成立も、その「反省」の結果である、と思える。

目次

序章　「日本」国の創建

1　「国難」が「日本」＝「国家」と「天皇」を生む

△「国難」

「国難」は、程度の違いはあれ、この地球の「どこ」（地域）であれ・「いつ」（時代）であれ、生じた。生じている。そして、これからも生じる。

「非戦」を唱えようと、「戦力不保持」を表明しようと、あるいは「好戦」を宣言し、「防衛力強化」を推進しようと、過去・現在を問わず、「国難」は生じたし、生じる。ただし、「非戦」や「戦力不保持」を主張したいがためではない。

逆だ。攻撃・侵略に対する無・非警戒、あるいは反・非防備が、かえって「侵略」や「攻撃」を、つまりは「国難」＝「国家存亡の危機」を呼び込む。歴史（現在・過去・未来）が教えるとおりだ。それは国家間（＝国際 Inter-nations）の問題にかぎらない。

　夫婦間であれ、家族間であれ、その他どのような人間‐社会関係においても、「わたしのもの」と「あなたのもの」＝「自」と「他」の「境界」＝「区別」がない人間・社会関係のなかでは、平穏裡（peaceful）に生きることは難しい。というか、不可能だ。国家・地域間であろうと、国民……住民・家族……個人間であろうと、だ。

　だが「国難」というからには、まずもって「国家」が、「統一」あるいは「連合」し、そして「独立」していなければならない。自国の「統一」と他国からの「独立」があってのことなのだ。もちろん、「統一」といい「独立」というも、「程度」の問題で、「相対的」に、という意だ。

　例えば、国家間の「平和と統一」を盟約（締結）した、「国際連盟」（the League of Nations）の「不戦盟約」のもとで、まさに第2次世界大戦が勃発した。日本は「国際連盟」を脱退し、独・伊と同盟し、米・英・仏・ソ・中「連合軍」と、3年半余戦い、敗北し、降伏した。結果、日本が「領有」（支配）していた南樺太、南千島を、占有（統治）していた満洲・朝鮮（半島）・台湾・東南アジア等の諸領域を失い、自国は「連合軍」の軍事・統治下に置かれた。

　ただし日本の「幸運」は、比較してみれば、ドイツのように「ソ」対「米」を中核とする東（社会主義）対西（資本主義）陣営の占領下にあって「分断」された状態ではなく、（ただし沖縄を除いて、）米軍の「単独」占領（対米従属）下に置かれたことだった。総じて、日本国と日本人は、政治（天皇・国会の存続、都道府県・市町村の自治）、経済（資本＝自由主義）・文化の面で、歴史の「統一」（一体性　Identity）を「保持」することが可能となった。比較して、「幸運」であった、ということができる。

△日本「最初の国難」が、日本「天皇」を生む

話を日本国創建期に戻そう。

中大兄王（626〜672）と中臣鎌足（614〜669）をリーダーとする政治グループは、「乙巳《いっし》の変」（645　一名《いわゆる》「大化の改新」、正確には「クーデタ」）を発端に、政治の中枢「飛鳥」を「支配《コントロール》」した蘇我「大王」家を討伐し、物部、紀、大伴等、ヤマト（大和）の諸王（豪族）を「統合」し、さらに中国・九州・四国（瀬戸内沿岸地域）、そして東国（中部〜関東）の諸王（有力豪族）を「糾合」あるいは「統合」することができた。これが朝鮮半島（北の大国・高句麗、東の新羅、日本の同盟国百済、そして日本にとって大陸への「入り口」であった任那）とは異なる、チャイナ（隋や唐）からみた「倭国（ヤマト国）」であった。

そのヤマト国は、中東からチャイナを横断し、朝鮮半島を経由して九州、そして瀬戸内海を渡って「難波（宮）」に達する東西交易路（＝シルクロード）の「終端」に位置し、交易・富・文化・民族等々の伝播大路《ロード》のターミナルステーション（終着駅）だった。

だが、660年、朝鮮半島の「同盟国」であった百済が、唐とその支配下にあった魏の連合軍に滅ぼされた。百済（王子・遺臣等）は「再興」を目して立起、ヤマト政府に援軍派兵を要請し

てきた。
「対外摩擦」を避け、「慎重外交」路線を敷いてきたヤマト（中大兄王）政権は、一大岐路に立たされる。「政府」内で「独裁」を敷いてきた中大兄王（と中臣鎌足）は、大海軍（3〜5万）を朝鮮半島に派遣することを決する。（おそらく、唐・新羅軍の襲来に備える危険よりも、ヤマト領外（＝海外）で「決着」を図る道を選んだと思える。）

だが、ヤマト遠征軍は、新羅と唐の連合軍に、663年、白村江（現・錦江）「海」戦で、調査「不足」もあいまって、「自滅」としかよびえない大敗北を喫した。この朝鮮半島への大軍派遣は、直《ダイレクト》に、唐・新羅連合軍襲来の危機を招くことは、予想しなかったわけではなかっただろう。しかし、ここに、中大兄王が20年近くをかけて築きあげてきた「ヤマト連合政権」崩壊の一大危機が到来したのだ。まさに「国難」＝「国亡」の到来だ。

ようやく日本列島が「統合」するチャンスを掴んだと思えた矢先に生じた、「亡国」の危機である。

何よりもまず、「来襲」が予想される列島沿岸（瀬戸内を含む）の防衛網を固めることが急務だ。しかし日本海沿岸線は長大である。

まずは、「都」を、対外・海運・交易の便がいい、したがって外敵侵攻の危険度がより高い、瀬戸内海ルート最東端の「難波」（宮）や大和「飛鳥」（宮）から、外敵防御力がより堅い（と思える）、内陸の近江（琵琶湖）「大津」に移す。さらに、九州・畿内・東国の軍勢を「糾合」し、とくに日本海沿岸・瀬戸内海沿岸と諸島に「防衛」網を築き、新羅・唐の侵攻に備えた。*

＊このとき（667年、防衛最前線の）「対馬」に築城されたのが、いまなおその外廓が残る岩城、日本最初の本格的城郭、金田城だ。

ところが、先に新羅と連携した隋は、朝鮮半島（北の大国高句麗、南の百済、ヤマトの出先＝任那）討伐で国力を消耗したこともあって、661年、唐に滅ぼ（＝統合）される。その唐も、国内争乱（「黄巾の乱」や「董卓《とうたく》の乱」）等の鎮圧に勢力を割かれ、対朝鮮、対ヤマト攻略に勢力を割く余裕はなく、半島（統治＝支配）から撤退をよぎなくされた。

結果、「漁夫の利を得た」新羅が、朝鮮半島全土の版図拡大をはかり、半島ではじめて大陸（唐）支配から「独立」を勝ち取った。それは、ヤマト政権が、唐ならびに新羅による侵攻の危機を回避することを意味した。両国にとって、またとない「幸運」の招来だった。それればかりではない。

朝鮮（新羅）と日本（ヤマト）は、「大陸」（チャイナ）支配の「軛《くびき》」を解かれ、国内「統合」と国家「独立」を同時に達成することができたのだ。まさしく、「禍福は糾《あざな》える縄の如し」で、ヤマトにとっては「福の神」が舞い込んだ、といっていい。

「国難」転じて「国福」招来で、ヤマト連合政権はさらに統合力を強め、大陸支配からの「独立」を「宣言」するチャンスを得た。同時に、新羅や唐と、「独立国」同士の新しい「友好」関係を築くチャンスを得た。

　こうして、中大兄王は、「日本（連合国）」の「初代」天智天皇として、近江大津の宮で即位（668）する。ここに、「日本国」と「天皇」の「創建」（誕生）がなった「瞬間」だ。（なお日本の「天皇」位は、チャイナの「皇帝」位に対する、独自な「呼称」だ。）
＊1940年、皇紀2600年の大祭典があった。実情は、その半分、およそ皇紀1300年である。それでも、日本皇室は「万世一系」と称するに値する、世界に類例なき「永続」の存在であることに変わりはない。

　だがその天智天皇（～671）と中臣（藤原）鎌足（～669）は、日本国を創建した直後、あい前後して、病没する。間髪をいれず、天智を継いで即位した（大友↓）弘文「天皇」の北朝と、天智の弟大海人王とが領導する南朝とのあいだに、ヤマト＝日本国を「二分」する「壬申の大乱」（672）が生じた。

　結果は、東西南北から攻め上った南朝軍が、それを迎え撃つ北朝軍を圧倒し、瀬田の唐橋の激闘で決着がつき、敗走した弘文「天皇」が「自死」、大海人王が「第二代天皇」として飛鳥で即位する。翌、673年のことだ。

　ただちに大疑問が生じる。

2　天武は「初代」天皇を名乗らなかった。なぜか？

古代史の「扉」を開こう。そう考えるたびに、初発で、立ち停まらざるをえない多くの《問い》に悩まされる。

△壬申の大争乱

第1は、大海人が率いる南朝（旧都飛鳥）は、北朝のツートップ、中臣鎌足（614～669）に続いて天皇天智（在位　668～671）が病没するや、ただちに行動を開始、各地に出兵を促し、湖西大津に本拠をおく「北朝」（初代天皇天智↓第2代弘文「天皇」）軍を迎え撃ち、これを撃破、壊滅（672）させる。ただし、短期間ではあったが、国中を「二分」する大争乱の末にだ。

＊わたしには、戦闘地域を同じくすることを含め、10世紀のちの天下分け目の「関ヶ原」（1600）の第1ラウンドであった、と思える。

ところが、天武は、「初代天皇」位を「簒奪」あるいは「抹消」しなかった。ただし、「第2代天皇」（＝弘文天皇）位を簒奪、あるいは抹消する。すなわち、新王朝の創建ではなく、天智朝の政治・経済・文化政策を「継承・発展」させる「流れ」を「歴史の大道」としたのだ。
中華《チャイナ》「皇帝」（＝「覇道」）と日本「天皇」（＝「皇統」）との根本的違いがここに生まれた。
チャイナの「皇帝」位は「覇道」（覇者）で決まる。対して、日本の「天皇」は「一系」（血脈＝皇種）で決まる、という「皇室伝統」＝「万世一系」がここに歩みをはじめた、といえる。（ただし、のちに『日本書紀』が創作［創造］した「皇統譜」＝「歴史物語」が生まれたが。）

△覇道ではなく皇脈

第２。「全権」を掌握した（かに見える）天武天皇（？〜６８６）は、生前、ウノ皇后（天智天皇の娘で天武天皇の姪）とのあいだに生まれた草壁皇子（６６２〜６８９）を、高市皇子（６５４〜６９６）をはじめあまたいる天武の皇子のなかで、後継者第１位（立太子）に「指名」する（６８１）。

皇位継承は、「実力」本位ではなく、「血脈」（例えば皇后位を「勘案」する）選択で、天皇の指名（「詔」や「勅」）で決まる、という原則を、天武は立てた、といえる。

ところが、天武の「意志」は、生前も、そして死後も、長きにわたって、ついに実行に移されることはなかった。むしろ、「無視」＝「棚上げ」されたといっていい。

「皇位」については、草壁の死後、ようやく皇太后の「称制」をへて、６９０年、第３代持統天皇が即位する。天武皇妃で天智娘、かつ草壁皇太子生母で、天皇３代目にして日本史上初の「女

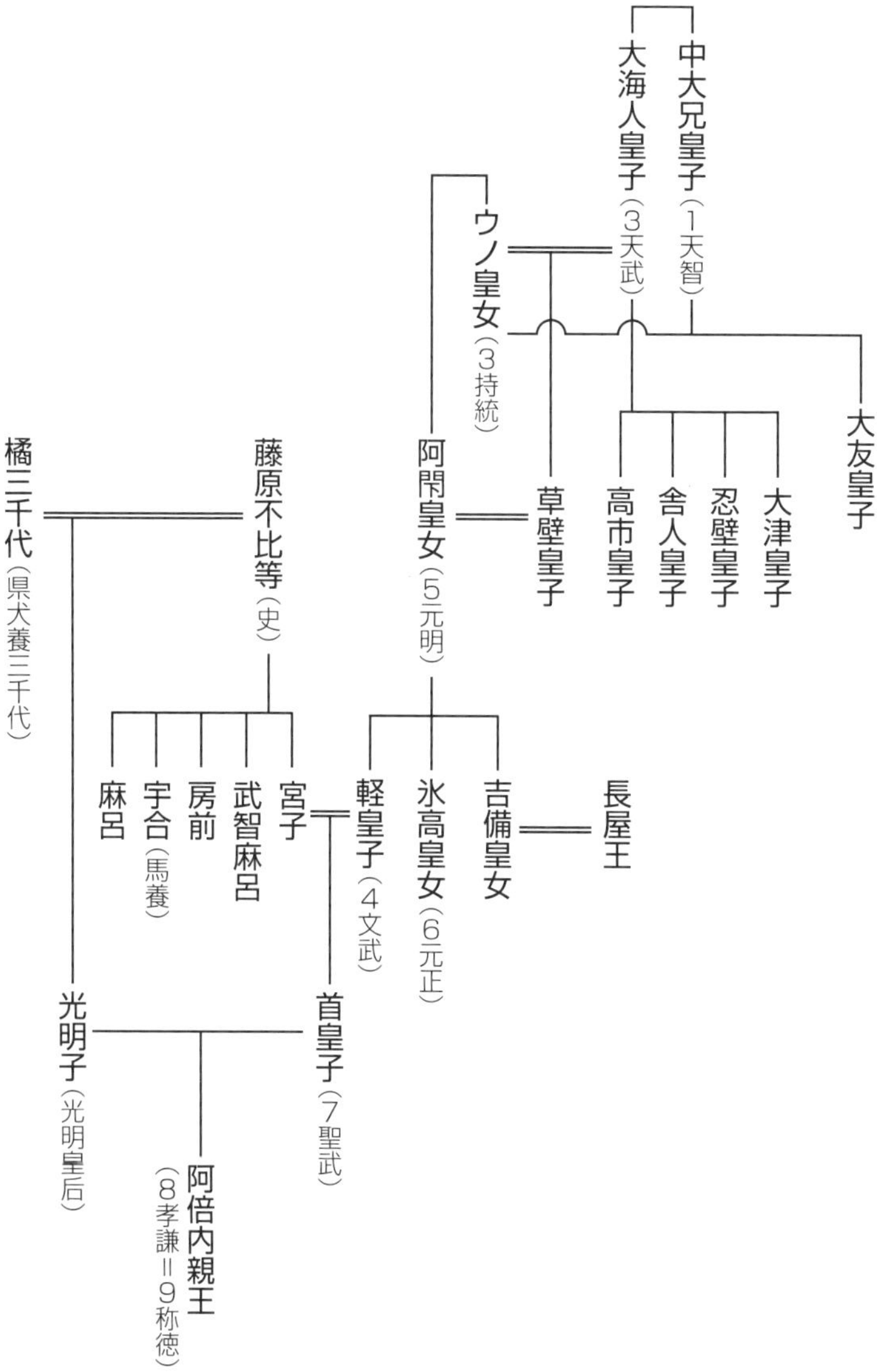
中大兄皇子（1天智）
大海人皇子（3天武）
ウノ皇女（3持統）
大友皇子
大津皇子
忍壁皇子
舎人皇子
高市皇子
草壁皇子
阿閇皇女（5元明）
藤原不比等（史）
橘三千代（県犬養三千代）
長屋王
吉備皇女
氷高皇女（6元正）
軽皇子（4文武）
宮子
武智麻呂
房前
宇合（馬養）
麻呂
首皇子（7聖武）
光明子（光明皇后）
阿倍内親王（8孝謙＝9称徳）

性天皇」の誕生だ。ここに初めて、皇位継承の「前例」として、女性天皇が誕生を見たことを、特記したい。

かくして、草壁は、「皇太子」のまま、689年5月27日、28歳で病没。

第3。では草壁は、天武の「意志」に反して、「なぜ」、第3代天皇になることができなかったのか？　という疑問がすぐに生まれる。

いくつかの理由がある。

(1) 最も有力なのが、草壁＝「病弱」説

だが、「病弱」が皇位継承の重大な「障害」になるのか？　致命的な「病弱」であった、という決定的な理由はない。そして、事実、なかった、と思える。なぜか？

草壁を第3代天皇とし、母＝皇太后が全力でサポートすれば、「継承」はまったく、そして、特段の反対もなく、スムースにいった、と推断できる。草壁への皇位継承は、天武の「召命」だったからだ。

1　草壁は、681年（天武天皇8年）、「立太子」。

2　しかも、680年、阿閇《あへい》妃（天智の第4皇女）と結婚、2子を得ている。680年氷高（妃）、さらに683年（天武12年）軽（珂瑠）皇子だ。

軽は、1.天智→2.天武→3.(草壁)→4.(軽)と、天皇位を継承すべき「正統」の皇種だ。

ここで、天武天皇が686年崩御し、草壁が皇位を継承するレールが敷かれたというべきだ。だが草壁は皇太子の地位にとどまり、母の皇太后が「称制」(天皇不在時、皇后、皇太子などが臨時に政・事をとり行なうこと)を長期間にわたって敷き、むしろ、草壁即位の「最大の障壁」として立ち塞がる形となった、といわなければならない。

さらに、草壁皇子は、この母・皇太后の「異例」を「打破」する意志も力も示さぬまま、689年(27歳)死去する。翌690年元旦、満を持して、持統天皇が即位。*
＊持統は、自ら「天照大神」(皇祖神)の「再来」とみなす演出をして、自分の天皇位継承を「正当化」しているようにさえ思える。

(2) 天武天皇は「全権」を握った専制君主に思える。はたしてそうか？

国(連合体内)にも、皇室内にも、朝廷内にも、「政権」初期事情から、多くの不安と分裂の因子が存在したし、天武にそれを解消する「力(能)」は小さかった(正確には大きくなかった)、かに思えて仕方がない。

天智も、そして天武も、「実力」で天皇位を得た。この意味では「覇道」を貫いたかに思える。だが、第3代目と目された草壁「天皇」には、日本国の「混乱」(不安要因)を「終息」させる力能はなかった。これが「衆目」の一致するところだったのではないだろうか？

しかも時代は、日本国創建期で、まだまだ「実力」本位が幅を利かし、「生まれ」や「指名」によって「万事」が決まる時代ではなかった。ひとまずは、こう「結論」づけることは可能だ。

事実、草創期の「皇室」内に、天武没時（686）、「実力」（謀叛？）で皇位継承（簒奪）を図ったとされる、大津皇子（天武第3皇子　皇位継承第2位　663〜686　処刑）がいた。対して、高市皇子（654?〜696　天武第1皇子で、皇位継承第3位　退位後に太上大臣）は、壬申の乱から一貫して、皇位（＝天武・持統）に仕えて、生涯をまっとうする。

(3) 皇太后の天皇位「簒奪」説

1　草壁の「病弱」に加えるに、「力量」不足があったこと、免れえない「事実」だろう。だが、「力量」とは、言うまでもなく、相対的なものだ。
母＝皇太后が全力で草壁をサポートしていれば、天武→「草壁」→「軽」という「男系」による皇位継承は、天武が望み、そして持統（皇后→皇太后）も望んだ（筈の）、「ベスト」かつ「スムース」なコースであった、と（私見では、断然）思える。違うだろうか？

天武→草壁→軽というのが、天皇位の「正統」継承のリーズナブルでスムースな「方式」であった、とみなしたい。
2　草壁が天皇位に就くことを阻む「否定的《ネガティブ》」な理由があった（と想定することが可能だ）。母＝皇太后の政治的「野心」（ambition）である。

(1)「天武」の「勝利→即位」は、衆目の一致するところ、天智の娘で、妻(=皇后)の助力(尻を叩く熱意)が、あってこそのものだった。

(2)大友(→弘文天皇)を打破した(大海人→)天武ではあったが、終生消すことのできない劣勢意識を持つ2つの「因子」があった。(中大兄→)天智とそのパートナー(中臣→)藤原鎌足の2人だ。

天武には、天智のようなクーデタ(=「乙巳の変」)で最強敵蘇我(大王)を撃破(暗殺→焼討)し、さらに、「実力」で国難を国福に転化し、ついには、日本連合=独立を果たす、立志もカリスマ性もなかった。

加えるに、パートナーに、大局観のある、有能無比で政策通の鎌足のような存在ももたなかった。

これらが、初代天皇位を簒奪し、僭称しなかった(できなかった)理由でもあるだろう。

3　ただし天武にはベストパートナーがいた。壬申の乱では、天武とその息子たちの尻を叩き、自らも前線に立つことさえ厭わず、勝利の下支え・上支えとなった、天智の娘・ウノ皇女だ。

そして、天武没後、皇太后として「称制」を敷き、政権内の軋轢や不協和音を取り除くことに腐心する。結果、皇太后の政治的「野心」はより固まったと思える。天智→天武→「草壁」→の皇位継承が、事実上、消えた理由の第1だ、と断じたい。ウノ皇太后もまた、事実上、天皇位「簒奪者」の1人であった、と考える理由だ。

(4) 少し時間を巻き戻そう。

1 「実力」で天皇位を「簒奪」した天武にも、「称制」を敷き第3代天皇位を継いだ持統にもなかった「もの」(エレメント=要素)が、登場した。

初代天智のカリスマ性(独裁能力)とそのパートナー藤原(中臣)鎌足の政治・制度設計能力を持つ人物だ。ただし天智も鎌足も、いまやいない。だが、特別に気になる「存在」はいた。「壬申の乱」前・後に消息を絶った、鎌足第2子の「存在」である。

大海人皇太子は、「死」の床にあった天智から、呼ばれ、「皇位継承」の「意」を質された。だが、「諾」と答えると、からめ取られることを恐れた大海人は、「辞退」、さらに皇太子の地位を返上、即、「剃髪」して吉野へ「籠もる」と表明して「退散」、かろうじて「死地」を逃れた(と思える)。このとき大友は皇太子の地位に着いた(と想定する理由でもある)。

2 壬申の乱で、大海人軍は、天智の後継=大友(弘文天皇)政権を掃討し、天武はただちに第2代天皇に即位、間髪をおかず、鎌足第2子の「消息」を追跡した(に違いない)。

そのとき、鎌足第2子はまだ15歳だ。だが、すでに15歳で、草壁、高市、大津皇子たちよりも不気味な、天武にとっては、コントロールの外にある分、最大「障害物」の1つと思えたに違いない。是非にも追捕し、処断したい「危険人物」だったろう。

3 中臣=藤原一族は、天武治世下でも多数が生き残り、重要な役を引き継いでいる。ただし、彼らは天武のコントロール下にあった。ところが鎌足の第2子は、天武治世下、ついにその影さえ踏ますことはなかった。巧妙に匿《かくま》う人たち（＝勢力）がいたからだ（、と思える）。

第1にあげるべき庇護＝隠匿者は、田辺史大隅《たなべふひとおおすみ》だろう。


なお、藤原「史」は田辺「史」にちなんだものと推察していい。

「難波」宮に通じる、難波→大和・飛鳥を繋ぐ要路上にあった。

田辺は、百済系の一族で、その「里」は、河内（安宿《あすかべ》）で、「竹之内街道」や大和川を通じて
＊土橋寛『持統天皇と藤原不比等』（中央公論社　1994　中公文庫　2017参照）。

4　鎌足遺子の2男、中臣史《なかとみふひと》（31歳）は、天武没後、そして大津皇子（天武第3子）「謀叛」・処刑直後、皇太后「称制」2年（687）に、「判事」（＊律令制で、四等官の系列外の品官《ほんかん》で、犯罪を審理し、刑名を定めることを任とした職員。刑部省・大宰府に置かれた。『国語大辞典』Web.）に登用される。つまりは、「公的《おおやけ》」に「官界」登用されたのだ。
このとき、史が、天武の「軛《くびき》」から「完全」（？）に解放されたと確信できた瞬間だ（ろう）。すでに28歳で、その直後、草壁皇太子が死去し、符牒をあわせたように、翌年、持統天皇が即位する。

いつ、いかなる時、持統と藤原史の「符牒」が合ったのかは不明だ。しかし、持統即位の経緯を見るに、この時期、二人に「結合」があったと、推察することは可能だ（推察にすぎないが）。

5　持統即位の11年後（697）、軽皇太子（故草壁の長子）が即位する。文武天皇だ。間髪を入れず、翌（文武2）年、「藤原」姓は史（不比等）一族（family）が「独占」し、その他の藤原は「中臣」姓を継ぐべし、という「詔」（詔勅）が発せられた。藤原（不比等一門）が「太政官職」を継ぎ、中臣が「神官職」を継ぐべしという、藤原－中臣の「政教分離」が実施をみたのだ。

このとき、藤原史46歳。皇朝の中枢に席を占め、文字どおり「不比等《くらべるものなきもの》」とよばれるに「ふさわしい地位」に立ったというべきで、不比等から見れば、実に長い長い道のりだったが、不比等の胸中を忖度《そんたく》するに、まだ「道半ば」だ、というべきだっただろう。

6　以降、持統とそれに続く天皇家と藤原氏との「二人三脚」の長い道のりがはじまった。しかし「成功」に満ちた「大道」に似て、「混乱と破綻」多き道でもあった。その困難と混乱の道をたどる前に、不比等が編纂・制作した歴史業績を取りだしてみよう。

第1章 「日本史」を創った男

1 『日本書紀』とは「日本創世記」を知る「第一次資料」

何度か記してきたので、縮約する。

『日本書紀』の非現実（「神話」）、非論理（錯誤や矛盾）を衝くことは難しくない。

この書を「非科学的」な産物で、「万世一系」を謳うイデオロギーの「迷妄」である、と断じ、切り捨てるのもそんなに難しくない。同じことは、司馬遷『史記』についてもいいうる。否、およそ「歴史書」（個人史や家史、社史を問わず）という「体裁」をもつものすべてに対しても、可能だ。

「歴史」（history）はどんなに「正確」を期し、「事実」を連ねようとしても、「創作」（書かれたもの）であり、「言説」であることをのがれえない、という「自覚」が必要で、これを、繰り返しになることを恐れず、常に強調しなければならない。

しかし、8世紀に成立した、日本「創世記」（日本『史記』）とでもいうべきこの物語の枠組みを突き崩すのは、至難で、ほとんど不可能だ、といわなければならない。なぜか？

1「日本の歴史」に参入しようとすれば、日本書紀に登場する人名、地名、年代、記述内容等のすべてにわたって、いちいちその「正否」を検討し、検証し、訂正し、これこそが「事実」だ、と明示・証明して進むのが、真っ当な行き方だ。しかし、それはほとんど不可能に近いほど難しい。むしろまったく新しい創世記を書くほうがずっと容易であるように思える。

2 ただし、日本書紀を無視して、まったく新規の日本創世記を書いても、ほとんどの日本人（共同の無意識）に迎え入れられることはないだろう。それこそ「礎石」のない空中楼閣（イデオロギー＝虚偽意識）とみなされるほかない。

しかも、日本書紀にとらわれるか否かにかかわらず、日本人の共同意識（無意識）も、学的意識も、日本書紀の枠組みに、すでに1千数100年間以上、とらわれ続けてきた。それはあたかも正しい日本語を書き・話すためには、すでにあるさまざまな「模倣」、さらに誤謬と矛盾と逸脱等を内包する日本語を用いてする他ないことと、同意である。つまりは、日本書紀の枠組みと論理を前提にしないかぎり、日本書紀を批判的に読解し、よりよい（真っ当な real）日本創世記を生み出すことはできないということだ。

3 歴史とは、岡田英弘が喝破したように、理解であり、解釈であり、改釈である。この理解・解釈・改釈する日本史の動かし難い「前提」が、まさに日本書紀なのだ。ひとまずは、これを無視できない「大前提」として、私たちは出発せざるをえない。

日本書紀の最大ヒーロで、「釈迦牟尼仏」の再来としか思えない超人かつ聖人という他ない聖徳太子が、「実在」する人物の血や肉をもっていないことは、その「推古紀」を一読すればだれもが認めざるをえない。しかも、太子実在の「証拠」はまったくない。それでも太子を「実在」しないといって、歴史から、天皇記から抹殺することは、よほどの覚悟を持ってやらないと、抹殺した本人が狂人扱いを受ける。

太子「実在」の証拠はない。だが太子「不在」の証拠もまたない。そもそも「不在」なもののアリバイ（不在証明）を証明することは不可能事だ。これが歴史「哲学の論理」（＝哲理）である。

せいぜいできるのは、太子は、実は「別物」として「実在」した、太子の正体は「○×」であった、といえるにすぎない。太子は大王「蘇我馬子」だった、という具合にである。じゃあ「馬子」とは自明な実在なのか。その証拠は「記録」しかない。馬子が活躍した主舞台こそ日本書紀（記録）ではないか？

推古（天皇）・馬子・太子の三人は、「天皇」（天智）が「歴史」に登場する以前の、最も顕著な最高権威・権力者である。三人のうちでいちばん影が薄いのは推古だ。また超人としか思えない太子には生きている人間特有の存在感がまったくない。しかしである。ほかでもない馬子が、初代天智からはじまる実在した天皇史の前史を飾る、「大王」だとすれば、紛れもなく皇統を飾るにふさわしい「血脈」の「天皇」である。しかし馬子＝「天皇」である確実な証拠はなにもない。「改釈」である（にすぎない）。

2 「幸運」が連鎖した「日本史」の「端緒」——ヤマト「連合」政権から「日本」建国へ

1 日本書紀で最も注視すべきは、初代天智天皇から天武天皇への皇位「継承」を、日本書紀に基づけつつ、より広い視野で理解し、改釈し、説明し、記述し直すことである。それは、本書「序章」で概略した。

2 その上、「日本史」は、その編纂者となるべき「最適の人」をえることができた。藤原不比等で、この「人選」は、偶然に思えるが、そうではないのだ。思うに、「天の配剤」（economy）とも思える、最適な人物である。なぜか？ 少しく、不比等の「略歴」をたどってみれば、おのずと明らかになるだろう。それも「なしたこと」（doing）の中から見えてくる、といいたい。

3 藤原史「略歴」から見えてくるもの

＊以下、藤原不比等の簡単な「履歴」である。ただし、不明、不詳な点が多く、「推断」（supposition）に満ちている。ただし、その「略歴」は知っていてもいいが、知らなくてもか

まわない。なぜか？

どんなに詳しく「穿鑿」しようとしても、否むしろ、「穿鑿」すればするほど、個人史（「履歴」）は、「歴史」すべてと同じように、「核心」から遠ざかる、という傾向があるからだ。重要なのは「大略」＝「核心」だといいたい。

（1）誕生から「史」になるまで……無名氏の時代

658　中臣鎌足第2子として誕生　（1歳）
663　白村江の戦い。唐・新羅軍に惨敗　（5）
665　兄・常恵（大唐派遣654　学問僧）帰国　同12月死亡（25歳）（7）
＊私は、史が、兄常恵の留学の「遺産」を「何等か」（something）の形で、文字どおりには、「かなり」の程度、学び・習い、受け継いだ、と考える。文献、唐制度、思想・宗教研究等にまつわる識見をそこから学んだ、と思える。ま、いえることは、父鎌足、兄常恵から引き継ぐべきもの、とりわけ「途上」（未完）の無念を、「成長期」に「隠れて」受け継がざるをえなかった、といいたいのだ。この点は、その嵩がどれほど低く思えても、個人史にとって、きわめて大きいものだ。
667　大津宮遷都　（9）

668　天智（初代）天皇即位（10）
669　10月16日 鎌足死去（11）
＊鎌足、病没前に、「扶育」（身分の高い人＝第2子の後見）を、百済系氏族「山科」の田辺史《ふひと》大隅に託す（?-）こうして、史＝鎌足第2子の「消息」が消える。
＊「山科」には、鎌足の私邸「精舎」（学舎＝山階寺）とともに、田辺史大隅の私邸があり、知的サークルさえあった、という「説」が残る。いずれにせよ、峠を挟んで、大津宮に近接のこの地で、不比等が、唐からもたらした兄が残した文献・記録・研究をふくめた日・唐の「歴史」研究に没頭した、と思うと、ちょっと胸が痛くなる。雌伏10年、貴重であり、短くはない。
671　12月　天智崩御（13）大友皇太子即位して「第2代弘文天皇」。
(2)　・・・・・・・・・・・(13〜28歳)
672　壬申の乱
＊史（15）
＊田辺史大隅一族の本拠地は、「河内国飛鳥戸郡《あすかべ》」で、「文書」の読解に秀でた百済系一族で、「史」と号し、大隅は、壬申の乱後、本拠の河内安宿《あすかべ》に根を張る。
681　藤原史（24）の長男無智麻呂、「大原乃台」で誕生。

＊史夫人の蘇我娼子（または媼子）の父蘇我連子《むらじこ》（611?〜664）は、天智朝で右大臣だった。だが、壬申の乱以前に病没。ために「乱」に直接関連せずとして、この一族は天武朝でも勢力を「温存」することができた。史は、この連子の「門閥に連なった」、ということになる。

＊長男　武智麻呂（680-737）-南家祖。

＊次男　房前（681-737）-北家祖。（なお、房前は別夫人の子で、養子だという説あり。）

＊3男　宇合《うまかい》（694-737）-式家祖。

＊4男　麻呂（695-737）-京家祖。妻、五百重娘《いおえのいらつめ》は、不比等の異母妹（鎌足娘、もと天武天皇夫人＝非后）。

＊それにしても、「歴史」というものは「絶妙」だ。連子は、蘇我倉麻呂の5男で、倉麻呂の父が蘇我馬子であった。乙巳の変（645）で、中大兄王と鎌足が刺殺したヤマト大王馬子。その馬子一族と藤原鎌足一族が、「一族」を形成することになったのだ。

＊ここまでで、最もいいたいことは、史（不比等）が、日本国家の建設期＝激動期を、庇護者の下で、「素性」を隠し、その「才能」を蓄積することを第一義とし、いわば「政局」の冷静な「観察者」（observer）として、どんなにアクティブなケースであっても、せいぜいは、アプレゲール（壬申の乱「後派」）面をして「生き抜いた」ことだ。

「大隠は市に隠れる」といわれるが、史は、まさに天武期を、有力者であった田辺史大隅や蘇我連子の「庇護」の下で力能を蓄えることに徹した、と思える。そして、これが「戦後世代」、とりわけ不比等にとって最も「難しい《ハードな》」生き方だったに違いない。

なにせ、同世代には、壬申の乱に参加し、大いに働き、「勝者」となった天武の皇子、大津・高市・草薙等々、「勝者」としてスタートラインに立ち、その力能を競いあった者たちがいた。

(3)・・・・・・・・・(28〜31歳)

686　天武崩御　(28)……①

持統(称制3年2月26日)

689　史　直広肆(じきこうし　従五位下)判事に任命される　(31歳)……②

草壁皇子没(662〜689　28歳)……③

＊ここで、①-②-③は、あまりにもみごとに「符牒」があっている。つまり、時期も内容もぴったり合致する、「持統＋史」のGO!サインだ。

690　持統天皇即位　1月

年月日不詳　史　直広弐(従四位下相当)

(4)・・・・・・・・・・(31〜41歳)

697　文武天皇元年8月20日

＊史の娘・宮子を軽皇子夫人として入内（＝「后」ではなく、「夫人」(妾《しょう》)として）(39)

698　8月「藤原氏の姓は不比等をして継がしめ、(他は)旧姓(中臣)に復すべし」との「詔」発せられる。（ただし、厳密には守られなかった。）

年月日不詳　中納言

701　大宝元年　(43)　3月21日　正三位大納言に昇進。

(5)・・・・・・・・・・(41〜62歳)

701　9月18日〈大宝元年8月12日〉はじめての外孫「首《おびと》皇子」誕生。

文武天皇（←軽皇子）＋宮子夫人（不比等娘　母は賀茂比売）の子で、のちの聖武天皇　(43)

＊持統後を予期して、先手を打つ(?!)

702　大宝2年12月　持統天皇崩御(58歳)

律令（大宝律令）を諸国に頒布。講義・読習させる。

704　大宝4年1月11日以前　従二位　(46)

708　和銅元年　(50)　1月11日　正二位。
　　　　　　　　　3月13日　右大臣。
710　和銅3年　(52)　平城京遷都。
716　霊亀2年　(58)　首皇子の「妃」として、娘安宿妃（→光明子　母は県犬養《あがたのいぬかいの》三千代
娘・母ともに非皇種）入内。
＊「夫人」ではなく「妃」がポイント。当然、公然たる非難を含めて、「反対」があった。
＊明らかに、天武→持統期に「確認」された天皇・后あるいは皇太子・妃の継承方式＝天智と
天武に発する「皇種→皇種」が、「公然」と「無視」され、天皇（皇種）＋皇后（非皇種）の
実現性が生まれたことになる。
718　養老2年　(60)　『養老律令』撰進。
720　養老4年　(62)　5月『日本書紀』撰進。
　　　　　　　　　8月3日　死去。
　　　　　　　　　10月23日（贈）正一位太政大臣。
＊正史には記載がないが『尊卑分脈』等によると文忠公を贈諡（760　天平宝字4年　8月
7日 太公望呂尚が斉に封じられた故事に因み、近江国に封じ「淡海公」を贈諡）

以上、いま（202403）わたしが関心を抱き、また知る（および類推）ことができたかぎりでの藤原不比等の「略年譜」で、5区分してみた。

4 「編纂者」にとっての重要事

1 考え、論を起こし、説明をくわえ、天智・天武そして天武の時代を生きた人たちを説得するにたる日本（書）紀を書くこと、これこそ不比等の最重要事の一つだった。さらにいえば、「現在」と「将来」の日本人に理解可能で説得可能な仕方で書き記すことだ。非常に困難な課題である。

この説明・書き直しは、日本書紀を無視し、飛び越してしまっては、まったく不可能だ。同時に、日本書紀にとらわれ、飛び越さず、当時（飛鳥時代）の意識（とくに天武天皇の意向）に捕捉されたままでは、とてものこと不可能である（あった）。これが「改釈」し「書き直し」につねにともなうジレンマで、「快刀乱麻」を断つような改釈は、稀の稀、ほとんど不可能であるとみなしたほうがいい。

それでも「学的」意識という点でいえば、「聖徳太子不在説」は、まだまだ正面切って述べる人は少数派だが、「学界」レベルでは「常識」の類になっているといっていい。これが大衆（多数）の常識になるまでどれくらいの日時を要するのか、明言できないが、可能性はある。まさにそのとき、逆に、聖徳太子は「英雄伝説」のなかで生き生きと甦るだろう。

中大兄王は、真直の最強敵でヤマト大王家、蘇我氏（一族）の中枢（馬子一門）を解体し、かつてはヤマト諸族の中で「武」をもって蘇我氏と並び立った物部氏の牙を抜き、紀氏や大伴氏を弱体化（最終的には「武」→「文」グループ化）することに成功し、ヤマトに「独裁」権力を、そして中枢ヤマトに連合する全国的政権を樹立した。
2　ヤマト連合に不可避かつ共通する経済的基盤は、「大陸⇓朝鮮半島⇓瀬戸内⇓難波」ルート（＝シルクロード）の交易力であった。そして、日本の「中央」に一大「権力」（power）を打ち建て、西は瀬戸内経由で九州へ、東は畿南・北から関東まで（その後、東北・蝦夷まで）、というなだらかではあったが、「部族連合」政権の政治経済体制を構築することに成功する。
だが、（隋→）唐と新羅の連合軍が、半島北の大国高句麗や日本の同盟国百済、そして日本の出先と呼んでいい任那を攻め、壊滅に追い込んだ。もしヤマト連合軍が、半島に出兵＝渡海しなければ、逆に、唐と新羅連合軍が渡海し、「旧」百済・任那を支援してきたヤマト政権の壊滅を図る危険のほうが大きい、というのがヤマト中大兄王（政権）の「判断」だった。

そして、ヤマト連合諸国もこの「出兵」判断に呼応し、襲来されるなら先に襲来しようという即（緊急時）断を呑んだ。こう思える。かくして、朝鮮半島に大軍（およそ2・5万人）の派遣がなされた、と推断する。
3　もっとも、中央政権がまず訴えたのは、百済の再興なしに、大陸との交易ルートが永久に断たれる、という主として経済危機に傾斜した「国難」の危機だった（と思われる）。だが、この大援軍派遣（1〜3次、計3万余？）は、ヤマト政権とその連合国に、回避不能とも思える「国難」（国家存亡の危機）を招いた。

1に、各地から軍を募り、渡海大軍を派遣し、初戦＝白村江の戦いで、自滅的惨敗を喫したからだ。敗因の最大は、「情報」収集の「欠如」にあった。闘う前に破れ、闘っても「自滅」に等しかった（、と思われる）。ヤマト連合軍は、大量の死者と捕虜を残して、即刻、帰還するほかなかった。

2に、当然、唐・新羅連合軍の反撃＝「襲来」が予想された。中央も地方も、「専守防衛」に傾注、ハリネズミのように「国」を閉じた。日本《ヤマト》初めての「国難」＝「衰滅」危機の現実到来であった。

3に、しかし、この国家存亡の危機に際して、中大兄王は、初代「天皇」（チャイナの皇帝に対抗するに「天皇」）を宣し、国号を「日本」とし、「独立」を宣言する。（この人、「機敏」の人で、真のカリスマ、かつ強運の持ち主だったに違いない。ま、鎌足というパートナーの存在を忘れてはならないが。乙巳の変〔＝クーデタ〕と同様、鎌足が中大兄王の「立起」と「宣言」を促した、と思える。）

だが、歴史の「実情」はこうだった。

唐は国内混乱で暇《いとま》がなく、ついには半島から軍の主力を撤退せざるをえなくなる。隋・唐に首根っこを押さえられ続けてきた「同盟国」の新羅は、「鬼の居ぬ間に洗濯」よろしく、唐駐留軍を攻撃・撃破し、はじめて朝鮮半島に軍事・独立する統一政権を樹立する。

夢か幻か、瞬時にして、半島に「新羅」、列島に「日本」という2つの独立国が誕生したのだ。双方とも、「天佑」と思えたに違いない。

4に、ヤマト政権が自ら招いた、唐・新羅連合の襲来＝「国難」は「雲散霧消」し、新羅と日本は独立国同士の新関係を結び、唐も、事実上、新と日を（従属）「独立」国として扱い（deal）、唐－新羅－日本の新関係の「現実」を了承、「シルクロード」も、遣唐使派遣も「再開」される。「『国家』衰滅」の危機が、一転、「日本」建国＝独立の好機となったのだ。天智と鎌足の、「乙巳の変」（クーデタ）に続く、ヤマト（→日本）史の第二番目の「大々幸運」だ。

〔参考文献〕
①『日本書紀』②『日本書紀』（大日本文庫　春陽堂　1934）同（日本古典文学大系67・68　岩波書店）同（岩波文庫　上中下　新版一～五）同（日本の名著1　中央公論）同（講談社学術文庫）同（中公クラシック）同（河出文庫）『聖徳太子集』（日本思想大系2　岩波書店）『聖徳太子』（日本の名著2　中央公論社）③山田英雄『日本書紀』（教育社歴史新書　1979）岡田英弘『歴史とはなにか』（文春新書　2001）同『倭国の時代』（朝日文庫　1994）同『日本史の誕生』（弓立社　1994）

特に新たに参照した知見は少ない。ただし、河上麻由子『古代日中関係史』（中公新書　2019）には、「遣唐使派遣」を中心とした、日中朝関係の、示唆に富む見識と事実提示が、見られる。

第2章 不比等の政治「哲学」

＊1 ここで「哲学」というが、今はやりの言葉で言えば、「世界観」であり、「関係性」のことだ。

ごく単純にいえば、「言」(speech) と「行」(deed) のことで、「政治哲学」の「要」といっていい。

18世紀、ドイツにヘーゲル（1770〜1831）という哲学者が現れた。近代哲学の「完成」者といわれるが、優れた政治家は、ほぼすべて、ヘーゲル哲学を（学ばずとも）実践している。中大兄王がそうであり、藤原不比等が、そして現在に続く伊藤博文がそうだ。分野は異なるが、イチロー（野球）、羽生（将棋）、武豊（競馬）もそうだ。

＊2 土橋寛『持統天皇と藤原不比等』（中公文庫 2017〈中央公論社 1994〉）は、「まえがき」で、直木孝次郎『持統天皇』（吉川弘文堂 人物叢書 1960）と上田正昭『藤原不比等』（朝日選書 1986）は、有益な書だが、この2人を「と」で結びつけた「書」はないよ

うだ、と書いている。

えっ、と思えた。この2人を、その結びつきを看過して、日本創建期（天智→天武→持統→……）を語ることなどできないではないか、と素朴にも、否、原理的《プリミティブ》にそう思えた。

その思いを忘れたくないので、率直に記そう。

1　藤原不比等のマナー

△「現実主義」

不比等は、天智や鎌足と同じように、徹底したリアリストだ。ただし、「現実」を肯定し、それに追随するという意味での現実主義ではない。第1に、「与えられた現実」を冷徹に「観察」することを基本に置く「認識者」＝「観察者」である。

どんなに不快・不利な「現実」でも、それを冷徹に「受容」できる、これが観察者の第一資格だ。

△「修正主義」

だが、現実をそれ自体として冷静に観察し認識することと、それを追認し・追随する態度とは異なる。「現実」とは、それがどんなに一面的に見え（思え）ても、かならず肯定（解決可能）面と否定（解決不能）面を抱え込んだ、したがって常に「矛盾」を含むものだ、と見なし（受け取り）、その「矛盾の解決」を、「現実の中に」見いだし、実現しようとする態度のことだ。

イチローも羽生も、そして武も「凄い」のは、「一歩・一歩」を欠かさないことだ。

△「改良主義」

したがって、「現実」の内部に、現実の「矛盾」を解決する「要素」（element）を発見し、よりましな（more better）現実を実現しようとする。この意味で、モア・ベターな現実を実現することによって、めざす「理想」（idea）により近づこうとする、修正・改良主義の立場をとる。

△「理念」主義者

しかし、不比等の足跡をはるかに見渡すに、徹底したリアリストの立場を一度も手放さず、しかもその「理念」＝「目的」を、さらには「自己の野心（ambition）」を実現しようとする歩みを止めなかったことだ。

その「目的」（The End）はといえば、「万世一系」の皇室伝統の確立であり、「統治すれども支配せず」という、日本独自の国家＝政治体制の構築をめざしたことだ。はるか1000年後のプロシア憲法に、さらには明治憲法に体現される政治哲学だ。

しかも、その「政治理念」は、史上、ときに「混乱と破綻」を迎えることはあったが、令和の今日に至るまでなお続いている、ということができる。

2 「蹉跌」

だが、不比等は、特記しなければならない「逸脱」例、とりわけ「皇位継承」問題で、「逸脱」を敢えてした、といわざるをえない。

その最大にして最後のものは、「娘」（非皇種）光明子を首皇太子《おびと》「妃」に据え、「皇后」にする「道」を、敢然と選んだことだ。「万世一系」＝「統治すれども支配せず」＝「皇室伝統」への挑戦で、それについては、第3章で詳しく述べなければならない。

3 大宝律令・養老律令の編纂

「法令」にしたがって統治体制を築く、これが真っ当な（普通の）法治国家を構築する正道だ。文明国の「常道」だ。

日本は文明国チャイナの「律令」制を学んだ（倣った）。だが、「天皇」（皇室）もまた、「法令」遵守がその原則で、チャイナの「覇道」（＝「皇帝」の意志は「法令」を超える）、と根本的に異なるところだ。

不比等は、701年『大宝律令』の編纂に続き、718年(『大宝律令』の「改正」＝「補遺」)『養老律令』を撰定する。(ただし、養老律令の撰定は長引き、施行は、孝謙天皇の治世下、757年とされる。)

4　日本書紀の編纂

△『日本書紀』とどう向きあうか

すでに第1章、1と2で記しとどめたので、テーゼだけを再録する。

1　『日本(書)紀』は「日本創世記」を知るための第一次資料だ。

2　『日本書紀』は、続く『日本後紀』以下の、「日本正史」のモデルとなるべき、だ。

5　「万世一系」の「存否」

△「天皇」の系譜はすべて皇種である

初代＝天智（668〜671　没）
2代＝天武（673〜686　没）
＊草壁皇太子（＊681〜689　没）
3代＝持統（＊称制686〜690　在位690〜697　没）
4代＝文武（＊草壁皇太子の子　在位697〜707　没）
5代＝元明（＊文武の母　在位707〜715）
6代＝元正（＊草壁の長女＝永高皇女　在位715〜724）
＊＊720　藤原不比等　没
7代＝聖武（文武と＊宮子夫人〔＝＊不比等と橘美千代の子〕の子）＝首《おびと》皇太子＋光明妃〔＊はじめての非皇種妃〕　在位724〜749没）
8代＝孝謙（聖武＋光明皇后の子　在位749〜758）
9代＝淳仁（聖武天皇の「遺言」で、〔新田部親王の子〕道祖王が立太子。757年、孝謙天皇は道祖王を廃し、大炊王を立太子に。在位758〜764)。
10代＝称徳天皇（孝謙天皇重祚　＊淳仁天皇廃帝、淡路に流される。在位764〜770没)
11代＝光仁天皇（白壁王〔62歳〕　称徳天皇に「子」がなく、皇族派に推される。在位770〜781)
12代＝桓武（光仁第1皇子。父から譲位。母は非皇種。藤原氏の推しもあった。(在位781〜806)　平安遷都を果たす。初発天皇制（＝天智・天武）に「先祖返り」したかに見えるが、のちのちの展開を見るに、「新」王朝を開く、がより適切だろう。

△おのずと第1の疑問が沸く

(1)持統はなぜ第3代天皇になったのか？　これこそ女性天皇のはしりだ。
(2)そして、持統につづいて、元明、元正、孝謙（在位　749〜58　重祚＝称徳在位　764〜770)、5代（4人）(と光明皇后＝皇太后）の女性天皇の登場があった。
(3)最も特異だったのは、749〜770年の「四文字元号期」で、光明皇后・皇太后期である。のちのち、「女帝の時代」と称されるような、「特異な時代」だが、称徳天皇以降、960年間、徳川幕府期まで女性天皇は現れておらず、現在に至っている。

＊「乙巳《いっし》の変」(645)以降、中大兄王（と中臣鎌足）が「大和」政権を領導した時代、推古、

皇極（重祚　斉明）の3代2名の「女性天皇」が、日本書紀に登場する。だが、初代「天皇」は天智なのだ。この2人（3天皇）が即位することはありえなかった。

しかも、女性天皇の他の2ケースは、ともに徳川時代で、明正天皇（在位　1629〜43）と後桜町天皇（在位　1762〜71）だ。つまり、称徳天皇（在位　764〜770）以降、10世紀近くにわたって女性天皇が現れていない。

△解答

以上の問いに答える形で、話を進めて行こう。

1　「新」王朝の誕生

「壬申の乱」は、「日本」国が誕生した直後、国中を「2分」した争乱であった。いうならば「第1次関ヶ原」だ。この大乱は、結果としては、南朝の「圧勝」に終わった。しかし、南朝＝旧飛鳥政権への「回帰」ではありえなかった。

しかし、天武が、天智＝近江王朝から引き継ぐべき点がどれほど沢山あったとしても、明らかに、「新」王朝の開始である、とまずは確認しなければならない。言うならば、天智と天武の関係は、まさに創業者と2代目の関係とみていい。

それは、1000年後、関ヶ原の戦いで、反徳川勢力と容徳川勢力の対立に決着がつき、徳川統一政権の250年がはじまったのと、形の上では同じだ。

2　天武は天智が開始した「統一」（日本国）政権を「継承」する

その継承の第1は、天皇を頂点とする、独立「日本」という「国体」維持だ。すでに九州・中国・四国地方、中部・北陸地方の要所を「政権」下に収め、関東地方にその支配権を確立しつつあった。つまり、それにふさわしい権力「中枢」を形成する課題である。

3　天武＝過渡期

第2代天皇天武期以降、天智（と鎌足）が準備しつつあった、隋・唐の律令制を下敷きにした、だが日本の「現実」にあわせた、政治経済体制を準備することが必須の課題であった。その成果が、「大宝律令」そして「養老律令」の制定と施行である。

端的にいえば、「日本紀」（『日本書紀』）の編纂・施行を俟たなければ、統一日本（万世一系の歴史）と日本人（日本語）の成立も、したがって、日本の「誕生」（そして成長）もありえなかった、といわなければならない。

理由は2つ。

1　日本国家（政治・経済・文化）のアイデンティティの確立、すなわちチャイナ「国」からの「自立」への道で、日本独自の「歴史」を持つことだ。

2　日本語の「確立」への道で、日本人（Japanese）とは日本語（Japanese）を話し・書く人のいいである。

「日本紀」の「編纂」は、この2つの「日本」アイデンティティの確立行程（road）でもあったということを、忘れてはならない。

3　この2つながらの道を、掃き清めたのはだれか。個人に絞っていえば、天武でも持統でもない。田辺（?）史《ふひと》（↓藤原不比等）をおいて他にいない。不比等こそ、日本国家（政治）システムと日本人（日本語）誕生の最大モメント（契機）となった、といっていい。

短絡を恐れずにいえば、藤原不比等が、日本政治（機構＝制度）と日本人（日本語）確立を自覚する最初のマイルストーン（milestone　里程標）を置いたのだ。

中大兄王（初代天智天皇）と中臣鎌足（藤原鎌足）が、日本国創建者となった。第2代天武天皇（中大兄の弟で、2代天皇位を「簒奪」した）と持統天皇（3代）が、創建の大道を固めた。だがこの「創建」期、持統・文武等々の天皇の「傍」には、常に不比等（＝史）がいる。

つまり、チャイナの『史記』に対する最初の「日本通史」（『日本書紀』）を「編纂」し、政治体制の「新」設計図を描き、大宝律令、養老律令編纂・施行へとこぎ着け、さらに「日本語」創造へと導き、日本人（日本語を語る人　Japanese）の創成へと誘《いざな》った功績の一者（ファースト・ランナー）こそ、藤原不比等その人であった、といいたいのだ。

第3章　藤原不比等の日本史

1　「天皇制」は、「どこ」で歪んだか？

初めての日本史＝『日本書紀』は、藤原不比等の「編纂」になる。まずこのことを常に念頭に置いて欲しい。その上で、忘れてはならない「疑問」に答えなければならない。

△持統はなぜ草壁皇子を即位させることができなかったか？

＊草忍皇子　天武の子　天智天皇元年（662年）〜持統天皇3年4月13日（689年5月7日27歳没）

天武天皇、さらには持統（称制）治世の「特殊」な、まずなすべき第一のそして差迫った課題は何だったか？

なによりも、安定した皇位継承の「ルール」設定だ。天武は、皇后とのあいだに生まれた「草壁」皇子を後継者（皇太子→第3代天皇）に「指名」する。

後継天皇は現天皇の「勅」あるいは「詔」による。これが、天武＝日本国第2代天皇がまず打ち出した第1ルールだ。（＊いうまでもないが、初代天皇天智が指名＝召命した第2代天皇弘文は、天武によって、抹消された。）

△安定した皇統形式

持統と不比等の「共同」戦線は、同床異夢（"Same bed, but different dreams."）の必要＝必然、すなわち異なる結果を招いた。

△皇室「伝統」の「変質」

天武と持統が「画策」（＝「確立」）した皇種一統＝「天武（血脈）と天智（血脈）」が独占する方式《フォーメーション》は、「首皇子《おびと》（→聖武）＋光明子妃」（不比等娘　初めての非皇統の「妃」→「后」）の誕生によって、新しい「皇室伝統」、例えば、「外祖父」政治がはじまる端緒ともなった。この「変異」が、このずっと先を見据えれば、「君臨すれども統治せず」（The sovereign rules, but does not govern.）という、日本独特の「皇室（天皇）伝統」の端緒になったということができる。

この意味で、光明皇后の出現は、日本史上においても、さらには皇統史上においても、「異例」ともいうべき「大波乱」を生みだす結果を招いた、といっていい。

だが、同時に忘れてはならないのは、この「異例」は、その「再現」を「防止」する仕組みを生む「先例」ともなった、ということができる。

△**特例　「宮子夫人《ぶにん》」（不比等娘）＋軽皇子⇓首皇子**

軽皇子は、697年立太子、間を置かず、同年、持統（祖母）の「譲位」で、15歳で文武天皇になり、後見役に持統（太上天皇）がつく。

△**異例　「光明妃」（↓皇后）＋首皇子（↓聖武天皇）**

不比等ウェイ（way）のゴール（発明）は、非皇族の妃（↓后）＋皇子（↓皇太子↓天皇）である。「発明」とは、天武・持統が立てた皇位継承の通則（A general rule）に、「例外」を重ね、「通則に例外」ありを経て、「例外」は「新定則」へといたる「道」、を「実践かつ実証」する、ロング・レンジの「歴史」観だ。

これは、天武・持統（創業者）と不比等（第2世代《アプレゲール》＝盛業者）の歴史上における「立ち位置」が違うことにもよる。

天武即位（673）から聖武（724）まで、5代を閲《けみ》す。たかだか50年に過ぎないが、半世紀である。行く先が「不透明」な激動期だ。不比等がその改編に費やした日時は、後半生のすべてをかけた「大事業」であった。

2 「天皇」制が「変異」した内因——聖武天皇の政治「逃避」

△首皇子の立太子も皇位継承も、「遅延」

首皇子立太子、そして聖武天皇即位も、公然、隠然を問わない、強い反対に出会った。主因は、第1に、「非皇種」の光明子が、皇太子「妃」になること、そして皇太子の天皇即位によって「皇后」になることに対する、皇種を中心とした、隠然・公然を問わない、強い「危惧」と「反対」があったからだ。直には、実力者、藤原不比等一統に対する反対と反感である。

だがこの時期まで、同年生まれの首に対して、光明子のほうに、いくらかの「遠慮」が、したがって、首の、「皇室」内あるいは「藤原家」内における、「心的自由」度は、より大きかったと推察できる。

皇位継承の「正統」者＝首が、皇位に就けないのは、光明子の「せい」、そして藤原御一統の「せい」だ、と見なすことができたからだ。

△聖武天皇治世(724〜49)下の「浮・沈」

1　聖武前期　長屋王の変で潮目が変わる

729年、不比等没（720）後、政権をリードしてきた長屋王（684〜729　＊天武の長子で天武・持統期を唯一支えてきたといっていい高市皇子の長男、父高市と同じように、右大臣から左大臣＝宮廷トップへ進む）は、藤原氏（四家中心）の反攻により、「自死」に追い込まれる。いわゆる「長屋王の変」で、ここで政権の潮目が大きく変わった。

即刻、光明子が皇后に上り、藤原氏は、聖武天皇をも憚ることなく政治を刷新・断行し、光明皇后も天皇を「忖度」することなしに、考え実行する自由を行使しはじめる。

その最初が、阿部内親王を立太子（皇太子⇓天皇）へというレールを引いたことだろう。

この前代未聞の「内親王⇓皇太子」というレールこそ、皇統断絶の「禁断」ルートにほかならない、と観測された。（もちろん、天皇〔詔〕による皇太子「廃位」という手は残っていたが、聖武にその意志はなく、皇統断絶への道でもあった。）

2　藤原四家の台頭と「病没」（737）

聖武天皇治世の初期は、皇親勢力を代表する長屋王が政権を担当。藤原氏は自家出身の光明妃（ともに非皇種の父＝藤原不比等、母＝県犬養《あがたのいぬかいの》三千代）の立后を願っていたが、皇后位に就くことは、夫聖武天皇亡き後、皇后が中継ぎの天皇として即位する可能性があるため、皇種しか立后できないという建国以来の慣例《ルール》の否定である。長屋王が光明妃の立后に、断固、反対していた理由だ。

ところが神亀6年（729）、「長屋王の変」が起き、長屋王は自害、反対勢力の目玉が亡くなり、光明子は非皇種として初めて立后する。

＊長屋王の変は、長屋王を取り除き、光明妃を皇后にするため、不比等の息子で光明子の異母兄である藤原四兄弟が仕組んだものといわれる。なお、聖武（皇太子↓）天皇の後宮には、他に4人の夫人が入ったが、光明子を含めた5人全員が藤原不比等・県犬養三千代のいずれかの縁者で、聖武（皇種）は、若くして、藤原家の「管理下」に置かれた、と思える。

3　四文字元号の出現

1　天平9年（737）に天然痘の大流行が起こり、太政官府は、藤原四兄弟を始めとする政府高官のほとんどが病死するという惨事に見舞われ、急遽、長屋王の実弟である鈴鹿王（高市皇子次男）を知太政官事に任じ、辛うじて政府の体裁を整えた。さらに、天平12年（740）、藤原広嗣の乱が起こる。

聖武は、争乱の最中、唐突（?-）に、伊勢・美濃国への行幸をはじめ、平城京に戻らないまま恭仁京へ遷都を行なう。「難事」が起こると、理由を問わず、「逃亡」（「現実逃避」）する、これが聖武の「天性＝性癖」といっていい。そして、天平年間、災害や疫病（天然痘）が多発した。天皇は仏教に深く帰依し、741年、国分寺建立、743年、東大寺盧舎那仏像の造立の詔を出しているが、これも「現実逃避」の一形態と思える。

2　天平勝宝元年（749）、聖武は娘・阿倍内親王（孝謙天皇）に「譲位」、初の太上天皇となる。

同時に、孝謙天皇が即位、異例の「四文字元号」がはじまる。

孝謙即位は、聖武の「譲位」（「宣命」）によるが、光明皇后の「独断専攻」（independent）の鐘《ゴング》が鳴ったともいえる。なぜか？

このとき、日本史上初めて、異形の「四文字元号」が現れたからだ。

ただし、一見、聖武が主導した、と思える「阿部皇太子⇒孝謙天皇」⇒淳仁天皇（をはさんで）⇒（重祚）称徳天皇の皇位継承は、基本的には、皇種による皇位継承ではあったが、「皇位継承者」はすべて、光明皇后・皇太后の「傀儡《かいらい》」＝「操り人形」であるほかなかった、と推断せざるをえない。なぜか？

3　端的にいえば、「四文字元号」（天平感宝・天平勝宝・天平宝字・天平神護・神護景雲　749〜770）に現れている。

3　四文字年号の出現＝光明皇后の「乱」

７４９年、孝謙天皇即位と同時に、「四文字元号」がはじまる。

孝謙即位は、聖武の「譲位」（という「宣命」＝形）によるが、光明皇后の「独断専攻」(independent) の「開始」でもある。なぜか？

このとき、日本史上初めての異形の「四文字元号」が現れたからだ。天平感宝・天平勝宝・天平宝字・天平神護・神護景雲の出現だ。

1　「四文字元号」の由来

四文字元号の出現は、長いチャイナ史上でも、チャイナ「元号」を模倣した日本史上でも、唯一この時期に限られる。

チャイナ史上で現れる四文字元号（天冊万歳・万歳登封・万歳通天）は、唐皇帝（高宗）の愛妾から后《きさき》になった武后が、唐王朝を簒奪・廃し、新たに「周」（王朝）を立てた時期に出現した。反武后派の挙兵を打倒した武后は、「女帝」出現を暗示する預言書（『大雲経』にもとづくとして「創作」された「疑経」）を全土に流布させ、また「周代」に存在したとされる「天子坐明堂」を宮城内に建造、権威の強化を謀り、帝位簒奪を準備する。

＊なお坪田昭子は、「彌勒としての武則天――『大雲経疏』の考察」（『信大国語教育　5』1996　p44－54）で、この「パンフ」をただちに「偽経」とみなす「通説」に疑義を呈している。チャイナでは、帝位「簒奪」が「通則」であり、その「手段」も問われないが、あたりまえだ。

690年、武后は自ら帝位に就き、国号を「周」とし、自らを「聖神皇帝」と称し、「天授」と改元。

＊690年といえば、日本では、草壁皇太子が没し、持統天皇が即位、藤原史が「政治舞台」にはじめて登場したときに当たる。

ただ、705年、武帝（武則天）は、尊称「則天大聖皇帝」の授受と引き換えに、帝位を退き、国号も唐に戻る。日本では文武天皇期に当たり、不比等が「皇室」ならびに「政府」の実勢をほぼ手中にしつつあった時期だ。

日本の四文字元号は、光明皇太后が「女帝」則天武后の先例に倣って（先例を憧憬して）、政治の「全権」を掌握しようとする「願望」の表出であった、と推察できる。大ぶりにいえば、このとき、光明は、事実上の「天皇」にではなく、正真正銘の「天皇」になる決意を表明したといっていいだろう。

その決意表明の第一が、「紫微中台」（令外官＝令の規定にない官職、官司）の設立である。

2 紫微中台

1　749（天平勝宝1）年に設置された令外官で、光明皇后の「家政」機関＝「皇后宮職」だったが、光明皇后が皇太后になると、「紫微中台」と改称し、その長官（紫微令→紫微内相）に大納言藤原仲麻呂（光明子の甥）が任命された。

2　「紫微中台」は玄宗皇帝時の（中書省→）紫微省と則天武后の（尚書省→）中台に由来する、太政官とは別個の国政機関を模倣・改称したもので、光明皇太后の命令（令旨）を施行し、兵権を発動する権能を持ち、長官の紫微令には皇太后の甥の大納言藤原仲麻呂を任じ、中衛大将をも兼務させた軍事（国家）機関だ。

3　757年、紫微令を準大臣待遇の紫微内相に改める。このとき光明皇太后最大の対抗者（左大臣）橘諸兄も没し、紫微中台は、太政官の大臣が持つ内外諸「兵事」を管掌し、太政官・中務省を経ずに「詔勅」を実施する権限を得る。

だが、それでも、太政官内外に、反仲麻呂・反孝謙を「表看板」とした、反光明皇太后の動きは止むことはなかった。事実、すぐあとに、橘奈良麻呂（橘諸兄の長男）の乱が発生している。

ただし、直後の760年6月、光明皇太后病没。

4　770年8月、称徳天皇病没、四文字元号はようやく消えた。

話が多少前後する。

3　鑑真が来日　聖武・光明・孝謙に「受戒」を授ける

鑑真（687〜763）は、揚州「大雲寺」で出家、「菩薩戒」を、さらに洛陽等で三蔵や律学を受け、天台も兼学した。その鑑真に、受戒伝律のためとして、来日要請があった。師は、5回も渡海に失敗、12年の歳月をかけようやく753年（天平勝宝5）来日を果たし、翌年、東大寺戒壇院で、聖武太上天皇・光明皇太后・孝謙天皇に「受戒」（戒律）を授ける。

ここで意外な「符牒」を思い起こしてもらいたい。

武后は、女帝出現を暗示する預言書（仏典中の『大雲経』に仮託して創作された「経」）を全土に流布、菩薩戒を受け、自らを弥勒菩薩の生まれ変わりと称し、皇帝となった。

光明皇太后こそ、鑑真の渡日を願い、菩薩戒を受けることを熱望した、と思える。菩薩戒は受けたのか？　受けたとされているが、その結果（効果）はどうだったのか？　判然としない。

以下、唐突と思えることを述べる。

1　①なぜ鑑真は、艱難辛苦、日本に渡日しようとしたのか？

2　②なぜ、誰が、どんな目的で、鑑真を日本に呼ぼうとしたのか？

①は、鑑真の渡来目的が、時期によって推移しているので、判然としない。しかしその「結果」は、善くも悪くも、絶大であった。日本が、神道にくわえて、仏教を「国教」とする礎石

（戒壇院と国分寺・尼寺設立）が置かれた。

②は、光明子は鑑真渡来を熱望した一人であること、疑いない。その目的は、「周」を建てた武則天が「皇帝」になる「啓示」を得た、その「事蹟」の再来を願い、鑑真から「弥勒戒」を受けようとしたことは、間違いない。だが、「弥勒菩薩の再来」という「お告げ」はなかった。それは鑑真の埒外のことだった。

その上でいえば、光明皇太后は、「武則天」にはなれなかったのか、と反問すれば、「すでになっていた」、と私には思える。

その証左は、チャイナでも、日本でも、権力を恣にした「女帝」と呼びうるのは、武則天と光明天（皇太后）以外にいない、と断じることができるからだ。

光明子は、唯一無二の聖武（夫）と阿部内親王（娘）とを、政治的にスポイルし、聖武には「待避」と「逃避」、娘（天皇）には「五里霧中」と「四分五裂」の中に引き込んで、「後継者」たちをもてあそぶかのような「専断」をあえてする「快」を存分に味わわせ、自らは、「高峰」「雲上」に身を置いて、一人「天皇」三昧を生きた、といっていい。

その点で、大陸と島国の違いはあるが、「悪名」高い武則天と光明子は、二度と出ない、「女性」皇帝＝天皇たるべく生き抜いた、といっていい。もちろん、父不比等を超越した「光明」帝の意識をもってだ。

4　孝謙天皇「治世」の「迷走」

1　天平勝宝元年（749）に父・聖武天皇の「譲位」により即位。治世前期は皇太后（母　光明皇后）が「後見」。皇太后は、皇后宮職を「紫微中台」に改名・改組し、その長官に皇太后の甥にあたる藤原仲麻呂をあて、急速な勢力拡大の「府」とした。

2　天平勝宝8年（756）5月2日、父の聖武上皇が崩御。新田部親王の子である道祖王を皇太子とする「遺詔」を残す。だが、翌年（757）3月、孝謙天皇は、道祖王を皇太子にふさわしくない行動があると廃し、舎人親王の子大炊《おおい》王を新たな皇太子とする。

仲麻呂の権勢拡大に、橘奈良麻呂や大伴古麻呂らは、孝謙天皇を廃し新帝を擁立するクーデター計画（デッチあげ？）をたてた。だが藤原仲麻呂に察知され、粛清（橘奈良麻呂の乱）。以後、仲麻呂の権勢はさらに強まる。

3　天平宝字2年（758）8月1日、孝謙天皇は病気の光明皇太后に仕えることを理由に、大炊《おおい》王（天武の皇子＝舎人親王の7男（→淳仁天皇））に譲位、太上天皇となる。この日、孝謙には「宝字称徳孝謙皇帝」、光明皇太后には「天平応真仁正皇太后」、そして少し遅れて、先帝

（聖武天皇）に「勝宝感神聖武皇帝」の尊号が贈られた。さらに、尊称として孝謙上皇には「上臺」、光明皇太后には「中臺」が用いられているが、「上臺」は隋・唐では、皇帝およびその機関に対する尊称で、「皇帝」や「上臺」の称号は、光明皇太后（チャイナ唯一の女性皇帝＝「則天武后」・四文字年号）に直接する「祈念」の表出だったと思える。

光明皇太后の最大の誤りは、「天皇」になろうとしたことではなく、チャイナ「皇帝」になろうとしたことだ、というほかない。

4　天平宝字4年（760）7月16日、光明皇太后が崩御。「仲麻呂‐孝謙上皇」の関係は微妙に変化する。

天平宝字7年（763）から、道鏡や吉備真備等の孝謙派が要職に就き、仲麻呂派は軍事要職を固め、孝謙上皇‐淳仁天皇‐仲麻呂の勢力争いが水面下で続く。

天平宝字8年（764）9月、藤原仲麻呂の軍事クーデタを察知した孝謙上皇は、淳仁天皇の軍事指揮権の象徴（「鈴印」）を回収、仲麻呂は「朝敵」となり、近江国に逃走したが、9月13日殺害される。

仲麻呂敗死の知らせが届いた9月14日、左遷されていた藤原豊成を右大臣とし、9月20日には道鏡を大臣禅師に、唐風官庁名を旧に復した。

5　孝謙上皇は、淳仁天皇を廃位（流刑）に処し、事実上、皇位に復帰、（即位式は行なわれず、後世、重祚し「称徳」天皇と呼ばれる）日本史上唯一、出家のままで即位した天皇だ。

「称徳」天皇治世、皇太子が未決のまま続く。

神護景雲4年（770）、称徳天皇病没。生涯独身で子もなかった称徳の後継は、称徳天皇「遺詔」だとして、62歳の「白壁王」（709〜782　天智の皇種）が立太子、すぐ即位、光仁天皇となった。

5　光明皇后が残した「教訓」

ここにようやく、光明を主軸とした、「聖武」－「光明」－「孝謙＝称徳」のトライアングルとでもいうべき「異彩」かつ「異常（アノマリ）」な「時代」に終止符を打たなければならない。「総括」である。

1　まず最初に確認されたい。光明子は、「現下」（天智・天武が開いた天皇制の下）では、「妃」にも、「后」にもなりえない存在だった。光明子は、父藤原不比等と藤原一統の「力」(powers)で、非皇族としてははじめて、皇太子「妃」に、そして「皇后」に、さらには「皇太后」になった。「異例」、これが「当世」の一般評価だ。

しかし、これを不比等の娘＝光明子から見れば、①首皇子「夫人」→②首皇太子「妃」⇓③皇后⇓④皇太后になりえたのは、②不比等の強力なプッシュ、③不比等の息子＝藤原四家の強力や支えなしには、ありえなかったこと、紛れもない事実である。

2　だが、光明子の立場に身を置くなら、光明子の「自助」（self-help）力なしには、《絶対に》、不可能事であった。これこそスーパースターにふさわしい、光明子終生のコンプレックス（二重感情）であった、といっていい。

ただし、光明子が日本史上で演じた「大異常」は、負の遺産としただけではなく、「天皇制」の不可避な「要素」、「統治するも支配せず」の根本証左でもあったということを忘れてはならない。

国家に混乱と対立が生じるたびに、必ず、皇種の「天皇」が必要とされ、「天皇」が呼び出される。光明子一代の「格闘」は、この天皇制の不可思議、一種の「魔力」に反発し、唐の武后⇩周の武則天「役」を演じようとし、シナリオを練り、主役を張り、舞台の中心に座り続け、存分に演じきって、そして退場（病没）した。しかも、最後には自身の「敗北」を「俯瞰」せざるをえなかった。こう思えるのだ。

3　光明子の一代は、天智・天武が創造した天皇制の「威力」に挑戦し、敗北した歴史「証明」でもあった、といっていい。「見事」にして「壮絶」な結果であった。つまりは、「再演」不能の「実例」を提示し、歴史からは消せない、逸事・異常事を刻印することになった。特に藤原氏にとっては、再演不可な実例としてだ。ただし、淵源あってのことだ。

持統と不比等の合作が、光明「天」＝「妃→皇后→皇太后」として実体化したのである。この解消＝乗り越えが、平安期に課された政治課題であったこと、忘れてはならない。

6　桓武天皇はリリーバー？

光仁天皇は、息子（山部親王）桓武（781〜806）をリリーバー（中継ぎ）とみなした。だが、桓武は、794年、平安遷都を敢行、「第二の建国」を開始する。もちろん、皇室伝統の「復活」を目してだ。要《かなめ》は、「皇統」に分断と混乱を持ち込む「女帝」（「皇太子」、「天皇」、「上皇」）の再現防止がその底意にあった、とみたい。

〔参考文献〕

藤原不比等への旅は、基本、いつものように「書」からであった。きっかけは馳星周『比ぶ者なき』（中央公論社　2016）であり、その巻末に掲げられた諸作品であった。もっとも、直木孝次郎『持統天皇』（吉川弘文堂　1960）や上田正昭『藤原不比等』（朝日出版社　1986）は私の愛読書の1つであり、土橋寛『持統天皇と藤原不比等』（中公文庫　2017）や倉本一宏『持統女帝と皇位継承』（吉川弘文堂2009）、さらに大山誠一『天臨皇孫の夢　藤原不比等のプロジェクト』（NHKブックス　2009）等、ミステリー顔負けの構想力に富む書は、つい拘束されそうになった。

でも結局、不比等の「成功」は、その果実である聖武天皇・光明皇后がその娘を皇太子→天皇に立て、「周」の武則天を真似た「政治」を断行、結果、皇統政治に混乱と暴走を招いて、「天皇制」存立そのものを危うくすることになった。

第4章 「日本人」とは「日本語」を持つ「国・国人」のことだ

0 「古代」日本＝大和・奈良・平安期の「文学」概観

0・1 4本流

日本文学の「高峰」を概観してみるに、つくづく思うことは、日本人は幸運であった、ということだろう。どの時代にも、絶えることなくに画期をなすような文学者を見いだすことができるからだ。

いま日本人の文学をさかのぼって、古代期に見いだすことができるのは、まさに古代期にふさわしい文学（物語）と思想（イデオロギー）と歴史のファーストランナーたちだ。紫式部であり、最澄・空海であり、日本書紀である。日本人の心の「ふるさと」だ。

もしこのファーストランナーが登場していなかったなら、日本文明などというものは痕跡もなかったのではなかろうか、と思えるほどに、日本人は寒々とした心を抱いて生きなければならなかっただろう。そしてまた、いまもなお、生きなければならないだろう。

端的にいおう。源氏物語が紫式部によって書かれなければ、はたして日本に小説などというものが生まれただろうか。最澄・空海が存在しなければ法然や親鸞が生まれただろうか。日本書紀がなければ日本に歴史などというものが存在しえただろうか？　こう問い質すことができる。

文明国たる資格である、歌・思想・歴史・文学は、先行する詩歌・思想・歴史・文学、総じて「文芸」（literature　文字＝letter　総じて国語で書かれたもの）なしには、生まれようもない。日本人はいみじくもこの四源泉をもつことができたのだ。

△文明の誕生

時期を異にするとはいえ、日本書紀、天台・真言宗、古今集、源氏物語は、日本文明、とりわけ日本文芸の「４本流」である。このことはいくたび強調されてもされ過ぎることはない。同時に確認しなければならないのは、「無」からはなにも生まれない。この「本流」は何処からその「源水」をえることができたのかである。

日本文明も、日本宗教そして日本文芸も、明らかに、その水源をチャイナからえてきた。日本文明はチャイナ文明の「コピー」である。だがたんなるコピーのままだと、日本文明などという呼び名ははなはだしくもおこがましい。

チャイナ文明から出ながら、チャイナ文明とは異質で独自な要素（エレメント）をもつことを示しえなければ、日本文明などと名乗ることはできない。しかしたんなる異質要素をもつだけでは、変異・珍種・奇形などと同じで、自立した文明という名に値しない。

日本古代期は、チャイナの歴史すなわち司馬遷『史記』、チャイナの詩歌、チャイナの天台・真言宗（密教）、チャイナの稗史（小説）から学びながら、それを超えようとした日本書紀、日本化に成功した天台・真言、実にはるか遠くまで超えてしまった古今集や源氏物語というように、日本文明を生み出す原動力をもつことができたのだ。

チャイナ文明から日本文明への「転化」の内容と意味を明らかにせずに、チャイナ文明の影響、あるいは日本文明の独自性を云々しても、底の浅いものとなる。ものごとを根本から把握しようとする、そしてつねにトータルな理解をめざそうとする「哲学」のまさに出番がここにある。

△「鎖国」

日本と日本人は「内向き」だといわれる。あいかわらず島国根性たる鎖国主義を取っているとさえいわれる。しかし「鎖国」を内向き＝「消極的で非生産的」だとみなすのは、はなはだしい錯誤を生みかねない。

まず事実として、日本は7世紀後半の「建国」から幕末まで1200年、一貫して「鎖国」を国是としてきた。この事実は、西欧社会が、ローマ帝国、イスラム民族、ゲルマン民族、モンゴル帝国、ソ連社会主義等によって、何度も蹂躙《じゅうりん》され、外圧によって国家の扉をこじ開けられ、国境を破壊された歴史をもつことと、対照的である。強大な隣国が存在する場合、「開国」とは弱小国にとって「従属」を意味すること、今も昔も変わらない。

チャイナの隋や唐からの自立とは、まずは国境（外壁）を固め、侵略を防ぎ、国内を統一することなしには不可能である。かくあってこその国交＝国と国との関係、国際関係である。外交であり、交易であり、文化交流である。朝鮮半島は基本的にチャイナと国境を接し、その侵入を阻止し、自立的な政治を行なうことはほとんど不可能で、「属州」として生きざるをえなかった。したがって朝鮮に「歴史」が生まれたのは1145年にできた『三国史記』（1143～1145）を俟たなければならなかった。

鎖国とは、ポジティブにいえば、独立であり、建国であり、独自な政治・経済・文化・学術・生活の扶養である。その扶養の積み重ねの頂点に、日本書紀が、最澄・空海が、古今集が、そして源氏物語が存在するということができる。朝鮮半島に、日本文明におけるような歴史も思想も文学も「生まれ」なかった地政学的理由である。

4高峰を見る前に、ふれておくことがある。

0・2　漢詩文の隆盛＝『菅家文草　菅家後草』――「日本書紀」と「万葉集」とのあいだ

漢詩文はチャイナからの直輸入である。最新流行に鋭敏な日本人は、政治経済制度も道徳宗教も文芸も最新流行のものを一斉に輸入した。そのうち、いち早く「自立」したのが「漢詩文」である。ここでは菅原道真一人をとりあげる。

△　第一芸術は漢詩文

『万葉集』は「和歌」の「誕生」を記した。偉業である。だが真仮名（漢字＝万葉仮名）で表記された、表記せざるをえなかった。日本には固有の「文字」がなかったからだ。この和歌が日本伝来の歌謡から発していること、すなわち「和風」にはちがいないが、建国以来、日本では「詩文」といえば、チャイナ伝来の「漢詩文」を意味した。

漢籍を読解し、漢詩文を作ることが、知識・文化人の資格であった。

この漢詩文を愛読し、高唱し、創作するという日本人の伝統・習慣は、はるか20世紀の半ば、日本（軍）がアメリカ（軍）に敗北するまで続いたといっていい。この意味で、漢詩文はチャイナに生まれたが、和習・和臭をまぬがれえなかったとはいえ、日本の「もの」＝「伝統」になった、といいきることができる。

漢詩文の隆盛は、嵯峨期に成った『凌雲集』（814）、『文華秀麗集』（818）、淳和期に生まれた『経国集』（827）が「勅撰」（天皇・上皇の命によって詩文を選び、書物を編集すること）であったことに現れている。

これには、都を平城（奈良）から山城（京）へ移し、チャイナ＝唐風の政治と文化と宗教を積極的に取り入れようとした、桓武・嵯峨・淳和期の基本政策とタイアップしていた。最澄や空海による最新宗教の輸入もその一環だ。

日本では、羅貫中『三国志演義』に登場する曹操（155〜220）は、もっぱら狡猾な武闘派の将とみなされているが、正史『三国志』の曹操はたぐいまれな詩才に恵まれた文人政治家でもあった。これは曹操だけの特質ではない。チャイナではすぐれた政治家は高雅な文人であることを要求された。トップだけの資格ではない。科挙（官吏登用試験）の最上級の試験に「作詩」が課せられたことはその端的な現れである。

藤原克己『菅原道真』が指摘するように、「君唱臣和」（『文華秀麗集』序）と「文者經國之大業、不朽之盛事。年壽有時而盡、榮樂止乎其身。」（『経国集』序）を挙げるだけで、平安初期の漢詩文の隆盛の大きさを示すことができるだろう。（ちなみに「文は経国の大業……」は曹操の長子で魏の初代皇帝になった曹丕＝文帝の言。）

しかしだ。たしかに、嵯峨期（809〜23）を頂点として漢詩文が「隆盛」を極め、（大伴家持のあと紀貫之まで特段の歌人は生まれなかったというような文化状況のもとで、）漢詩文が第一芸術の地位を占めたが、それはあくまでも「和風」の漢詩文であった。

ということは、「漢詩」はあくまでも「唐土憧憬」であって、日本の「現実」に根をもつ政治や社会生活を主題とする詩は書かれなかった。鴨川を眺めながら、長江に思いをはせるの類いである。一方、そんな漢詩文に、政治的世俗的価値を超越する文化的価値を与えさえしたのが菅原道真である。

菅原道真（８４５〜９０３）が漢詩文において果たした功績は、濃厚な異国趣味を脱して、日本的な「花鳥風月」（風景や季節感）あるいは「私情」（人生の感慨や生活感情）を多く歌い、『古今集』の成立へとつなげた、ということもできる。

△「私情」「私憤」の詩

ただし、道真の「花鳥風月」や「私情」を歌う作風は、漢詩文「隆盛」の結果ではなかったことにも注目すべきだろう。むしろ逆で、最後の勅撰漢詩文集『経国集』に端的に表れている。道真が生まれたのは、漢詩文が政治的価値から離れたたんなる「遊戯」にすぎず、詩人＝文人無用論が唱えられはじめた時代であった。道真の誕生（８４５）を前後して、白居易（７７２〜８４６）の『白氏文集』が渡来し、日本漢詩文に一大新風を送り込み、以降の日本文芸に巨大な影響を与えてゆく。

白詩がなぜにそれほどの影響を与えたのか。小西甚一はひとえに、当時のチャイナ本土で非常な好評をえたからだとする。日本文学者が最新流行に弱かったというのだ。

たしかに白居易は平明かつ卑近でありながら、深い共感を呼ぶ表現に長じていたが、それは白の詩に特有のものではなく、その人柄も詩風も一筋縄ではいかない人生と人柄から来ている。自身は現実の社会・政治に対する批判を本領とみなしていたが、この本領は日本に伝わっていない。道真にもわずかに見られるにすぎない。えっ、と思われるだろう。

だが一読してすぐわかるのは、道真は文人政治家として立ったが、その詩文には真直な政治批判が、想像されているよりも遙かに少ない点である。この点で道真も嵯峨期を頂点とする古代漢詩文家、政治的価値から遊離した漢詩文家たちの仲間である。たとえば右大臣藤原基経（38歳）に思いっきり阿《おもね》った29歳時の詩（67）を一読するといい。

もちろんいわゆる「権力」批判（と思えるもの）はある。

遊覧偶吟　256
鳥は樊籠《はんろう》を出でて翅《つばさ》し傷《やぶ》らず
青山碧海　任《ほしいまま》に低昂せり
京中の水ある地《ところ》　王公の宅
畿内の花さく林　宰相の荘
口は貧憐《たむれん》と戯れつつ　限りを犯すひとを誣《し》ふ（＊「誣告《ぶこく》す」）
眼は臨望を偸《ぬす》みつつ　堂を窺ふひとを叱る

此の間の勝境　主なしといへども
漸漸《やうやく》に聞きてよりこのかた　妨げ有らむことを欲りす

40代のはじめである。讃岐守に「左遷」、めきめきと芽が出はじめたのに、中央政界から遠ざけられた時期の詩だ。「花鳥」の美は、王公たちが景勝地を独占し、大臣たちの荘園が花さく山野を独占しているという不正義を際立たせる「道具」である（かのようだ）。

ここには、たしかに元来私有地を認めない国法＝律令制に反して、私有の荘園をほしいままにする不正な権勢門家に対する文化・倫理批判はある。だがそれは法令と現実の矛盾を解決しようするリアルな政治批判にまで及ばない。むしろ特大に有能かつ清潔な官吏である道真が、政治の中心にいて、義＝政令を貫くことができない「左遷」の身を嘆き、わが身を不運に陥れた権勢家たちを私怨する、純正官僚のもので、「悔悟」というか「自己批判」、もう少し緩やかにいえば「自己客観視」がまるでないのだ。（現代マスコミや評論家たちの「正義」や「清貧」に阿《おもね》る論調と五十歩百歩だろう。）

白居易の「漢皇　色を重んじて　傾国を思う」ではじまる「長恨歌」にはるかにおよばない理由である。たしかに、この長歌の最後に、

天は長く　地は久しきも　時有りて尽きなん

この恨みのみは面々として尽くる時なし

とある。玄宗と楊貴妃の私情＝愛の「真実」は「恨み」のなかに永遠にとどまる、と歌われるのだ。だがこの「恨み」は傾国を断つために貴妃殺害を坐して待った玄宗帝の「悔悟」（自己反省＝呵責）を含む。せめてものことこの悔悟があればこそ、恨みは永遠でありうる（と思えるだろう）。

この自己悔悟、道真にはない。純然たる「被害者」の情があるのみで、その（自責のない）私情に身を任すのみなのだ。

だから「私情」を歌うときの道真は、一見して、驚くほどきわだってめざましい。

息子の死を歌った「夢阿満」（阿満を夢みる　117）の悲嘆の噴出はどうだろう。神も仏もないと怨み叫ぶさまは、一寸意地悪くいえば、惨憺たる感傷に浸り、他者を寄せつけない、ある種の恍惚状態＝自己陶酔を呈している。また、権力の座から失墜したときの「私憤」の情は、人間の通情をはるかに超える響きを放射している。いずれも「おのれ」を現実のなかで客観視することのできない、一見して、「私情」に身を任したままの、他者を少しもおもんぱからない、激情詩である。

△「幸運」の官僚政治家

道真はみずからの悲運を詩に託して残し、また世にこれほどの悲運の人はいない、といわれてきた。しかしその経歴を一瞥するといい。

宇多帝の寵愛を受け、47歳蔵人頭、48歳従四位下、49歳参議、50歳遣唐大使、51歳従三位・中納言、52歳民部卿、53歳権大納言・正三位・右大将、55歳右大臣、56歳『菅家文草』献上、57歳従二位、この年太宰府権帥に左遷。

まるまる10年間、道真は、宇多帝の権威を楯に政治の中核に座り、「権勢をほしいまま」にした。他から見れば「壟断」したに等しい。しかも藤原氏が権力を独占した時代、これといって後ろ楯なく、学問の家に生まれただけの一介の文人官僚が、である。これを、学詩文だけでなく、政治家としての幸運といわないでなんというべきだろうか。はるかのちに新井白石が、学問と詩文で徳川家宣の教師に、そして政治顧問となり、政治の中枢に座り、政策を遂行する幸運をえた。これほどの幸運はなかっただろうが、白石とてその座にいたのが7年間なのだ。道真を「幸運の人」といわず何とよべばいいのだろうか。

また白居易（772～846）は道真より一世代前の人だが、同じように学問と詩文で官僚エリートコースを歩み、いったんは太子補導役まで進んだが、左遷され、太子が帝位に就くと再び中央政界に召還されるというように、一見すれば、道真と同じようなコースを歩んでいるように思える。

だが道真のような政治の中央に座る「幸運」をまったくもたなかっただけでなく、みずから官職を退き、文筆をたよりに政治・社会批判を遂行している。

左遷ののち、身も世もない嘆きのなかで死没し、たたり神（怨霊、死霊）になった（といわれる）道真などとは断然違うところだ。

△**略歴・参考文献**

845〜903年2月25日、祖父清公、父是善、ともに文章博士（いうなれば学界トップ）の家に生まれる（長・2男が亡くなっていたので、嫡男）。18歳文章生、23歳文章得業生と、エリート文官コースを歩み、30歳従五位下民部少輔、兵部少輔、33歳文章博士（定員2人）に。42（〜46）歳讃岐守。47歳蔵人頭（以下本文参照）に抜擢。50歳遣唐使派遣中止を進言、52歳長女入内（女御）、53歳宇多上皇・醍醐天皇に、56歳醍醐天皇に『菅家文草』『菅家集』を献上。三善清行に辞職勧告され、57歳（従二位）、太宰府に流される。59歳『菅家後集』（太宰府時代の詩文）を紀長谷雄に託す。道真の最期は詩文家であった。もって瞑すべしだろう。

①『菅家文草』『菅家後集』②『菅家文草 菅家後集』（日本古典文学大系72 川口久雄校註・解説）③小西甚一『日本文藝史Ⅱ』 藤原克己『菅原道真』 小島憲之・山本登朗『菅原道真』（日本漢詩人撰集1） 佐藤

包晴『菅原道真』（西日本人物誌2） 大岡信『詩人・菅原道真』 三田誠『天神 菅原道真』（小説） 石ノ森章太郎『マンガ日本の歴史9』 『新唐詩選続篇』（吉川幸次郎 岩波新書）

1 世界文学の成立へ向けて

1・1 「万葉集」を「詠む」人と「読む」人

△柿本人麻呂——万葉集前期＝言霊の歌

私事をからめて語ること、許されたい。

1 （私も）愛読してきた斎藤茂吉『万葉秀歌』（1938）には、人麻呂の歌が圧倒的に数多く取り上げられている。最初に出てくるのが、

ささなみの志賀の辛崎幸《さき》くあれど大宮人の船待ちかねつ　30

で、先に挙げた長歌（29）、近江の荒れた都を過ぎるとき、人麻呂の作った歌

……空見つ大和をおきて　青丹よし奈良山を越え　いかさまに　思ほしめせか　天離《さか》る
夷《ひな》にはあれど　石走《いは》る　淡海《あふみ》の国の　楽浪《ささなみ》の　大津の宮に　天の下　知らしめしけむ　天皇《すめろき》
の　神の尊《みこと》の　此処《ここ》と聞けども　大殿は　此処と言へども　春草の　繁く生ひたる　霞立ち
春日の霧れる　ももしきの　大宮処見れば悲しも　29

への反歌である。

茂吉は「全体が切実沈痛で、一点浮華の気をとどめておらぬ。現代の吾等は、擬人法らしい表現に、陳腐を感じたり、反感を持ったりすることを止めて、一首全体の態度なり気迫なりに同化せむことを努むべきである。作は人麻呂の初期のものらしいが、既にかくの如く円熟して居る。」と評する。

茂吉の評に、なるほどと思えた。しかし、先の長歌（29）に戻って考えれば、「浮華」なく、「気迫」に満ちた歌である、と断じるわけにはいかない。人麻呂の歌を、同時代に戻してみれば、折口信夫が切開したように、「虚偽」ありといわなければならないのではないか。

同じときに人麻呂が詠ったと思われる歌

近江の湖夕波千鳥汝が鳴けば心も萎《しぬ》に古《いにし》思ほゆ　266

茂吉は、「……千鳥等よ、お前等のなく声を聞けば、真から心が萎れて、昔の都の栄華のさまを偲ばれてならない」と歌意を説く。

折口は、「近江の湖水。その夕波に鳴く千鳥よ。公様が鳴くと云うと、自分は、意気が消沈して、昔のことが思われてならない。傑作」だ、という。

2人は同じ歌意を説いているのか。違う。折口は、人麻呂が、ああ何で遷都などしたのか、気が知れない、というため息まじりで歌ったのでなければならないというのだ。

人麻呂が眼前にしているのは、芭蕉の「夏草や兵どもが夢の跡」のごとき時空をはるかへだたった「古跡」ではない。わずか20数年前に都のあった場所だ。それも人麻呂が歌を捧げた持統の夫、天武が、真正日本を建てるために大軍をもって壊滅させた、天智が建国宣言をもってはじめた「新」都である。

古都大和を離れ、奈良山を越えた遙かな地に建てた廃都に、懐旧の情、懐かしみ思いやる情を、はたして人麻呂はもつことができただろうか。もちえたとして、それを真情をもって表白できただろうか。できなかった、というのがわたしの読みである。

人麻呂は万葉第一の歌人で、「歴史」の証人でもあった。

2　1962年、大学に入った。人気講義があった。犬養孝教授の「国文」で、万葉集を講じていた。万葉集に興味もあったので、一度授業に顔を出してみた。学生が一斉に立ち上がって、教授と万葉集の歌を独特の節回し（万葉時代と同じように？）で唱和するのだ。「歌声運動」がはやってきていた時代でもあった。歌う宗教もあった。そんなものの一種かと思えて、それ以降、犬養教授の授業も、犬養節も、敬して遠ざけた。月例で行なわれる「万葉の旅」にも参加したことがない。ただし、一人で「万葉」の旅（？）は何度か経験した。

和歌は呪歌や歌謡から分化したもののようであるから、一同で歌い上げる犬養節をいやがる必要はなかったのに、歌声運動も犬養節も、敬遠せざるをえなかった。わたしの文芸愛好が読書、独書からはじまったことからくるのだろう。しかし次の歌などは、つぶやかずとも心にすっと入ってきた。

東の野に炎《かぎろひ》の立つ見えてかへり見すれば月傾きぬ　48

すぐに蕪村の「菜の花や月は東に日は西に」が思い浮かばれる。

だが折口の『口釈万葉集』を読んだ者には、この歌を単純な「叙景」歌として読んですますことはできない。

この歌は、軽皇子（文武と持統の子である草壁皇子の子、のちに文武天皇になる）に従って、朝狩りをしたあとに詠んだ歌である。しかもその狩場である安騎野はいまはなき軽皇子の父、草壁皇子が狩りをしたところだ。草壁皇子（６６２〜６８９）は天武・持統の子で、皇太子に指名され、天武の事業を継ぐものと期待されていた。ところが皇位継承「直前」(?)になくなられ、持統が天皇位を継ぎ、草壁の子軽皇子に皇位をゆだねたため、皇位継承を巡るさまざまな角逐があった。

壬申の大乱からこの安騎野の狩りまでの数々の事件の連鎖が、走馬燈のように人麻呂の心を駆け巡ったにちがいない。この歌には、歴史の証人でもあった人麻呂の面目が躍如としている。

△万葉集は「門外不出」の書?!

万葉集の歌は、その歌の前に立てば、いらぬ教養や斟酌・新釈は無用である。素のままな赤子の気持ちで接すればいい。こういわれることがある。本当とは思えない。なぜか。

万葉集の同時代人、少なくとも8世紀の人たちにとって、よほどに「漢字」に長けた人でなければ、音仮名(いわゆる「万葉仮名」)で書かれた歌を読むことは、簡単ではなかった。

だが万葉集には教養ある貴人だけの歌だけでなく、作者不詳の歌が数多く詠まれ、記されている。その数も半端ではない。1800首あまりで、全体歌数の40パーセントを占めるのだ。万葉集からは万民の、とりわけ庶民の素朴な生の声が聞こえる、などといわれることがある。防人や東人を含めた作者不詳の歌を詠ったなかには、名もなき「庶民」が含まれていないなどとは断言できないが、それらの歌を含めて万葉集の歌どもを採集し、音仮名で記しとどめることができたのは、人麻呂のようななまじの漢文学になじんだ教養人でなければ不可能である、といいきっていい。

家持の時代ならいざ知らず、人麻呂の時代には漢字の「字音」を用いて表記するのは並の苦労ではなかった。音仮名で書かれた歌を正確に読むのさえ一苦労であった（だろう）。漢文を自在に読むことができた紀貫之の時代になっても、万葉集（全20巻）自体を手にとって読むのさえ困難を極めたにちがいない。万葉集がなって2000年後、第二勅撰和歌集である『後撰集』の撰進がはじまったが、その選者たち5人がまずはじめなければならなかったのは、万葉集に訓点をほどこす作業であった。万葉集の歌たちは「すでに世にも難解な古歌」（大岡信）になりはてていたということだろう。

そんな万葉集だが、おおよそはっきりしていることがある。

1　万葉集には、人麻呂作歌は長・短歌含めて84首（ただし94首、77首と数える人もいる）ある。ところが別に「柿本人麻呂歌集」としておよそ370首存在する。この歌集は万葉集に収録された歌以前になったとされるが、人麻呂の「編集」になるとはいえるものの、「歌集」自体（写本でも）は湮没してしまい、万葉集の「なか」にだけ存在するにすぎない。

人麻呂は漢文学に長けており、この歌集には、人麻呂の歌だけではなく、明らかに作者を異にする歌が混じっている。「歌集」とはいうが「歌ノート」というべきで、人麻呂が集め、記しとどめた歌どもであり、歌そのものを漢字に移しただけではなく、明らかに人麻呂の「筆」が入っている。これが「写」（コピー）というものの見逃せない性格の1つなのだ。人麻呂歌集の歌は、人麻呂の作歌ではない場合でも、人麻呂の意匠（デザイン）に改められていたり、人麻呂振り（マナー）の歌になっているということだ。

2　だがもっと注目したいことがある。日本書紀は有力氏族の私（家・族）史を召し上げ・簒奪し、大改編、国史＝正史に編纂したのだった。万葉集も、人麻呂歌集（歌ノート）をはじめとした私家集を召し上げ、編集してなったものだということだ。

同じことは大伴家持の歌「日記」（ノート）とでもいうべき、いわゆる「大伴集」についてもいうことができる。とりわけ家持は、人麻呂、赤人、憶良、旅人等の歌を数多くノートし、それらから学んでいた。とりわけ万葉集17～20巻は、丸ごと家持の歌日記（ノート）を召し上げ、編入したもののごとくである。あるいは推測をたくましくすれば、人麻呂をはじめとする先人の歌どもを採取し、ノートに記しとどめた家持歌（記録）集があったればこそ、万葉集は質量ともに日本で最初の歌集たりえたのだ、ということもできるのではあるまいか。

では「人麻呂歌集」や「大伴集」を召し上げたのは誰か？　権力を掌握した天皇（持統・文武や桓武）と藤原氏以外ではありえない。万葉集が形式的にも「勅撰」以外ではありえないのではないかと推測する理由でもある。

3　万葉集全20巻はいつ完成したのかは明らかでない。少なくとも第20巻は、家持存命中（～784?）にほぼできあがったといわれている。しかしその家持も、私見では、全巻を閲覧し、通読したとは思えないのだ。

万葉集は、ときに部分的に閲覧する人があっても、長い間、暗い宮中の書庫に眠ったままであったのではないだろうか。あるいは簡単に閲覧することができなかったもののようだ。閲覧できても、特定の人以外には読んで解することが難しかったにちがいない。万葉集がなって100年後、紀貫之が万葉集を自在に読みこなしたとも思えない。200年後には和訓に変え（翻訳し）なければ読めなくなっていたし、和訓に変える困難さえ一通りではなかった。万葉集が、江戸期の契沖にはじまる万葉研究まで、万葉調が大いにいわれることがあったものの、漢字だけで書かれた万葉集それ自体は、「門外不出」の感があったといいたい。

△言霊の国、言霊の人

日本国（倭国）は皇神《すめかみ》が造った立派な国で、言霊の幸きわう国である、と万葉集は詠っている（894）。

万葉集の代表歌人である人麻呂の「歌集」にある、

芦原の　瑞穂の国は　神ながら　言挙げせぬ国　然れども　言挙げぞわがする　事幸く坐《ま》せと　恙《つつみ》なく　……　3253

反歌

磯《し》城《き》島の 倭国《やまとのくに》は言霊の佐《たす》くる国ぞま福《さき》くありこそ　3254

日本はわが祖神が造った国だ、は「日本は特別な国、神国だ。」といわれる理由である。では「言霊の佐くる国だ」とはどういう意味か。

日本は、チャイナのように覇道で決まる皇帝の国ではなく、皇祖神から連綿と続く万世一系の天皇の国である。皇室伝統を前面に押し出して日本書紀は書かれた。同時に日本書紀も万葉集も、日本が「言霊」の国だという。言葉には、神・天皇の言葉であれ、人間の言葉であれ、霊妙(supernatural)な力がある。とりわけ絶妙な言葉でできている「歌」には、幸、不幸をもたらす霊力がある。宣歌、呪歌、歌謡、和歌である・ないにかかわらず、言葉の霊力を万葉時代の人たちは信じていた。

しかしまず知っておきたいのは、言葉に霊力、創造力が宿るというのは、日本に特有なことではない。旧約聖書に、神は万物を創造した。その創造神は言葉とともにあった。神が「光あれ!」というと、世界は闇と光に分かれた、とある。この根本は日本書紀の神代のはじめ、国創りと変わらない。

「ことば」に、無から有を生み出すような創造力があるとは、未開社会であるか、文明社会であるかにかかわらず、共通なことだ。問題は言葉に込められる霊力、創造力の比重が異なるだけである。

またここ(3253)で「言挙げせぬ国」とある。それなのに言挙げするという。大意はこうだ。

日本は、神様任せにしておいて、わざわざ祈ったりなどしなくても、よい国だ。けれども、そのわざとの祈りをわたしはする。わたしが願うとおりに神の精霊が働いて、愛しい方が無事でいらっしゃるように、とお願いする。何度も何度も口に出して祈るのだ。（ただし、この歌は、思う人の海路の無事を祈って詠われる。）

詠うとは、わざわざ和歌（やまとうた）にして記しとどめるとは、強い祈り・願いがあるからだ。その祈りは公私にかかわらない。しかも「言挙げ」は人麻呂の場合、どんなに私事細事にわたろうと、多くの人に共通な祈りや願いを代弁する歌（言葉）となって表出する。多くの人に、今日のわたしたちにさえまで、感興と共感を呼び起こす理由であり、「文字」によって和歌を詠み、記した最初の人といわれる理由でもある。

△略伝・参考文献

生没不詳、万葉集以外に記すべき伝なし。681年草壁皇子の狩りに伴う。689年か翌年持統天皇に従駕。692年軽皇子の狩りに従う。696年高市皇子没し、長大の挽歌を作る。700年明日香皇女没し挽歌を作る。701年天皇・上皇紀伊行幸に供奉。702年以降石見に赴任。707年石見で病没説あり。

①『万葉集』②『万葉集』（日本古典文学大系4～7）折口信夫『口釈万葉集』（折口信夫全集4・5）

佐佐木信綱編『新訓万葉集』（上下） 斎藤茂吉『万葉秀歌』（上下） ③小西甚一『日本文藝史Ⅰ』 折口信夫「柿本人麻呂」他（折口信夫全集9） 大岡信『万葉集』（同時代ライブラリー） 中西進『柿本人麻呂』（日本詩人選2） 北山茂夫『柿本人麻呂』 福永武彦訳『現代語訳 日本書紀』（歌謡集）

1・2 大伴家持——家持には「すべて」がある（?!）

△『万葉集』の編者は家持!?

大伴家持《やかもち》以降、およそ100年間、漢詩文の隆盛に気圧されて、和歌の世界は停滞し、すぐれた作家を一人も見なかった。その停滞を打ち破って、和歌を漢詩文とならぶ、第一芸術の位置に押し上げたのは、『古今和歌集』の選者（の一人）紀貫之であった。

では日本「最初」の和歌集といわれる『万葉集』で貫之の役割を果たしたのは誰か。家持である。えっ、というなかれ。いくつか理由を簡単にあげてみよう。

1 万葉歌人のなかで名歌を残した柿本人麻呂、高市黒人、山部赤人、山上憶良、大伴旅人等から最も多くを真似び＝学び、最も多くかれらの歌を採集し、記しとどめたのが家持である（ということができる）。その上、家持はこれら先人にはなかった古今、新古今へと続く和歌固有の表現を生み出したといっていい。家持はまぎれもなく貫之や定家の先駆なのだ。

『万葉集』全20巻全4500首余のうち、家持は長歌46首、短歌431首、旋頭歌と連歌各1首、計479首を詠んでいる。ただ歌数が他の歌人に較べて圧倒的に多いというだけではない。17巻以降の4巻はまるまる家持作・編集というべき「大伴集」なのだ。『万葉集』の編者・選者は家持であるという説が出る理由でもある。

しかも「雄略」天皇御製歌《おほみうた》ではじまる万葉集の掉尾を飾るのが家持の歌である。

籠《こ》もよ　み籠持ち　掘串《ふくし》もよ　この岳《をか》に　菜摘ます児　家聞かな　告《の》らさね　大和の国は……1

新しき年の初めの初春の今日降る雪のいや重（し）け吉事　4516

ところが『万葉集』で家持が特別の位置を占めることができたのは、一見して、異常なことに思える。なぜか。

△家持はスキャンダルまみれ!?

家持は生前「暗殺」や「反乱」計画に絡んだとして2度も挙げられ、その都度、解任（転任）や解官の憂き目に遭っている。しかも死の直前、桓武天皇の信任篤かった中納言藤原種継暗殺

（805）の嫌疑がかかり、死の直後、追罰に処せられ、埋葬さえ許されず、官籍（従三位）も剝奪され、その子も流罪にあっている。

家持は死の20年後、806年許され、官籍も旧に戻された。万葉集における歌の功績ゆえである。家持の存在なしには万葉集は存在しえない、といっていいのだ。

3　家持は、父旅人（大納言で武人）の薫陶を受け、叔母坂上郎女等に囲まれるというほどの歌環境に恵まれて育っただけではない。若いときから漢文学の素養を熱心に積んだ。注記したいのは、漢文学、とりわけ「漢字」の豊かな素養なしに、やまと歌を漢字（いわゆる万葉仮名）で記すことはできなかったことだ。

ところが万葉集というとまず最初に名が出て、その歌が飛び出すのは柿本人麻呂である。人麻呂がすでに古今集仮名序で貫之によって「歌聖」と仰ぎ見られているのに対して、家持は多作だが、凡手であるとみなされてきた。本当だろうか？

△『万葉集』は「勅撰」じゃない？

万葉集の歌をひとつずつたどってゆくといい。かぎりなく「勅撰」集に思えてくるのではないだろうか。しかし勅撰ではない。撰進者もいない。もとより私家集ではない。選者・編集者がいなければ成立しなかっただろうが、その名も定かではない。

それなのに、なぜ勅撰に思えるのか。

日本建国は7世紀後半にはじまった。国号を「日本」と決め、チャイナの「皇帝」に対抗して「天皇」号をはじめて用いたのは、「天命開別《あめのみことひらかすわけ》」、諡号《おくりな》は天智、都（大宮）は近江大津（近江朝）である。この天智建国事業を引き継いだのは、壬申の大乱で近江朝を壊滅させた天武で、『日本書紀』は日本建国を内外に、とりわけ外国＝唐に知らしめる独立宣言という性格をもった日本最初の勅修歴史書、つまりは正史である。明らかに範（モデル）をチャイナ最初の正史、司馬遷『史記』にとっているが、日本の歴史はチャイナの歴史とはまったく関係のない、自立した固有の歴史（皇室伝統）をもつと記した。チャイナ伝来の「漢文」（多く、朝鮮半島出身の手）によってだ。ただし特記すべきは、日本書紀に出てくる「歌謡」はすべて「漢字」で書かれた和語（音仮名）だったことだ。

或云、時武素戔嗚尊歌之曰、夜句茂多兔、伊弩毛夜覇餓岐、兔磨語昧爾、夜覇餓枳都倶盧、贈廼夜覇餓岐廻。（神代上　書紀最初の歌謡で、本文に含まれた注＝分注にでてくる。）
別に伝えるところによれば、このときスサノヲノ尊は、歌った。〔*ここまでは漢文〕
八雲立つ　出雲八重垣　妻ごめに　八重垣作る　その八重垣を　〔*歌は音仮名〕

書紀に出てくる最後の歌謡は、

十二月癸亥朔乙丑、天皇崩于近江宮。癸酉、殯于新宮。于時、童謡曰、

……

阿箇悟馬能、以喩企波々箇婁、麻矩儒播羅、奈爾能都底舉騰、多拕尼之曳鶏武。其三

……

十二月三日、天皇〔天智〕は近江の宮に崩した。新たに仮の宮殿をつくって遺骸を収めた。

このとき、次のような三首の童謡《わざうた》が世に行われた。

赤駒の　い行き憚る　眞葛原　何の伝言《つてこと》　直《ただ》にし良けむ　其の三

〔赤駒さえも、行くのにためらう眞葛原、何でそんなにためらって、伝言ばかりとはひどいものの、まっすぐ会いにいらっしゃいな。〕（以上、『現代語訳　日本書紀』福永武彦訳引照）

日本書紀中の歌謡には、漢文で歌の由来が記され、音仮名の歌がつく。この形式は、そのまま万葉集に引き継がれている。（ただし万葉集には、編者あるいは採首者ととおぼしき人の後注〔左注〕がつく場合がある。）「やまとうた」は「やまとことば」で詠い、「書く」という切実な想いが込められているのだ。

万葉集も、日本書紀編纂とほぼ同じ時期、すなわち日本建国期からはじまっておよそ1世紀、平安初期までに編纂された、皇室を中心に「統一」国家「日本」を創建しようという意気込みに

燃えた「皇族*」や官僚、氏族一門を歌詠みの中核とする歌集である。国家建設に挺身するという点では、日本書紀の編者たちと同じように、万葉初期を代表する人麻呂も、万葉後期を代表する家持も変わっていない。（*ここで「皇族」というが、わが国の歴史で国号を「日本」とし、「天皇」を名のったのは天智が最初である。厳密にいえば、天智以前の天皇ならびに皇族は「いない」とみなければならない。）

人麻呂が持統天皇を讃仰した歌
大君は神にし座《ま》せば天雲の雷の上に庵《いほ》らせるかも　235
（天皇陛下は神でいらっしゃるから……雷丘に……）

家持が陸奥国より金が出たという詔書を賀した長歌への反歌
天皇《すめろき》の御代栄えむと東なる陸奥山に黄金花咲く　4007
（皇室は永代にわたって栄えるだろうと……）

だがその生涯が不詳で、一地方官をつとめたにすぎない下級官僚の人麻呂と、建国以前から有力氏族として武をもって勢力を張ってきた一流貴族の氏長である大伴家持とでは、おのずと立ち位置が異なって当然だ。しかも、壬申の大乱以降、国家統一・建国事業を強力に推し進めようとした天武の意志を継いだのが后の持統天皇であり、持統に従って歌で活躍した人麻呂と、皇位継承が絡まる皇族・各有力貴族間の権力闘争のただなかに身を置き、藤原一族の台頭によって有力貴族の地位をゆるがせにされるなかで歌をも詠んだ家持とでは、対処すべき政治情勢は大きく異なって当然だった。

△人麻呂V.S.家持

万葉集に登場する作歌の期間、およそ10年を、人麻呂は持統・文武の事業に「忠実」に付き従っていればすんだといっていいだろう。対して家持は、台頭し伸張する藤原氏によって有力貴族の地位を脅かされ、周辺勢力に追いやられて行く大伴氏の長である。彼の境位・心境は、天皇・皇室に身を預けておればよいというような単純なことではすまなかった。家持が数度にわたって陰謀に巻き込まれる、あるいはその計画者の一人となって、じたばたせざるをえなかった理由でもある。

近江の荒れた都を過ぎるとき、人麻呂の作った歌

……空見つ大和をおきて　青丹よし奈良山を越え　いかさまに　思ほしめせか　天離《さか》る　夷《ひな》にはあれど　石走《いはは》る　淡海《あふみ》の国の　楽浪《ささなみ》の　大津の宮に　天の下　知らしめしけむ　天皇《すめろき》の　神の尊《みこと》の　此処《ここ》と聞けども　大殿は　此処と言へども　春草の　繁く生ひたる　霞立ち　春日

の霧れる　ももしきの　大宮処見れば悲しも　29

折口信夫は、この長歌は堂々たるもので、しかも懐古の幽愁が沁み出ているという（『口釈万葉集』）。しかしこの歌に、荒廃した古都に対する悲傷を、永遠の都の繁栄を裏切る現前の事実に対する悲傷を読み込むと、どうなるか。「虚偽」が見えるというのだ。問題は「いかさまに思ほしめか」（どういうお心であったのか）で、こんな田舎の近江に遷都するなんて、その心が理解できない、ということになる。

高市《たけちの》黒人が（同じ）旧都を悲しんで作った歌
ささなみの国つ御神の心さびてあれたる京《みやこ》見れば悲しき　33
「さざなみの郷の土地を領しておられる、神の御意志に違うて、こうしたところに都を造られたために、神の御心にかなわず、御不興によって、こういうように荒れ果てた、都を見ると悲しくなる」（折口）。

黒人の歌には、人麻呂のと違って「人の胸を波立たせる真実がこもっている。」と折口は評する。まさにその通りではないだろうか。人麻呂も、近江の旧都の荒廃に悲しみを表しているが、それは新都の繁栄と較べて、旧都の荒廃を悲しんでいるという、心意ではないだろう。旅人が途中で目にするものに懐古の情を表しているにすぎまい。事実、旧都滅びて新都（藤原京）の繁栄はある、という政治意識を人麻呂が逸脱したとも思えない。

国家に対する立ち位置は違っても、人麻呂も家持も天皇＝国家の意思を体し、その意思のもとに歌を詠み、歌を集め、記しとどめた、という点では同じである。万葉集には「勅宣」が記されていないだけのことのように思える理由だ。

△家持に固有な表現――個人的な情の表出

大陸から多くの漢文芸が人と書物を伴って日本に入ってきた。当然、漢文で書かれた輸入文芸を模倣し、咀嚼することに大きなエネルギーが割かれる。唐来もの＝舶来品を好む日本人の性格の源泉となった（だろう）。

日本書紀は漢文で書かれたが、日本書紀や万葉集に含まれる「歌」はやまとことばで、漢字を借りた独特な文字＝音仮名で書かれるべきだとした。大陸にはなかった「純」国風文芸のはじまりである。つまり日本では、外国文学の衝撃波で、土着《ネイティブ》意識に目覚めるだけでなく、土着文芸が自覚的に固有な表現力を獲得しようとするのである。（もっともこれは日本だけに独特な文芸形成スタイルではなく、先進文芸に共通なものといっていいだろう。）人麻呂が日本の、とりわけ建国意識の清冽で直情的な表現者となりえた理由でもある。

人麻呂から50年、家持は「歌聖」人麻呂に較べようもない平凡な歌詠み、凡手とみなされてきた。本当にそうだろうか。もちろん建国初期の高揚した共同・連帯意識は家持には見られない。だが人麻呂になくて家持にあるもの、それは個人的な情の表出である。それも未来に大きな展望の見えない、多くは晴れることの少ない鬱憂の感情だ。

人麻呂は次のような歌を詠まなかった。否、詠むことはできなかった。

ひさかたの雨の降る日を　只一人山辺にをれば　いぶせかりけり　769

久堅之　雨之落日乎　直獨　山邊尓居者　欝有来

私のいる恭仁《くに》の都は、山の中です。その辺りにただ一人いると、雨の降る日は、本当に陰気です（折口）。

なお「いぶせし」とは「心が結ぼれる」状態で、家持が多用した独特の表現である。

移りゆく時見る毎に心いたく昔の人し思ほゆるかも　4483

時の移り変わりに、胸が痛み、懐旧の情に浸るという一般感情を詠っているのではない。歌が詠まれたのは下僚の家でだが、757年、40歳のときに当たる。皇太子廃位の企てが発覚し、首謀者の橘奈良麻呂（諸兄《もろえ》の長男）が捕まり、大伴一族も連座した事件が起こった。前年、左大臣橘諸兄が引退（失脚）に追い込まれ、一時政権中枢から遠ざかっていた藤原氏が政権に復帰した。結果、さらに大伴氏の力が弱体化した。父旅人は大納言、従二位、太宰府帥《そつ》（長官）で終わったが、家持は中納言、従三位、春宮大夫陸奥按察使で終わっている。一見すれば、「一寸」の差に思えるが、ちょっとやそっとで飛び越えることのできない「大差」なのだ。

この歌は「旧懐」の情を表す「哀歌」にはちがいない。だが、めそめそしたものではない。諸兄政権に一同した大伴一族の長である。この事変によって一族の衰退は免れえないとしても、これまで抗ってきた人々のことを思い起こし、たとえ一人となっても生き抜いてゆかなければならない、という意が歌に込められているのではなかろうか。

ここでも家持は「いぶせき」状態、鬱憂に追い込まれているが、変事であろうと、ひなたで梅の咲くのをぼーっと眺めていようと、おのれ一人の心でもちこたえることができる「芯」をもった歌人であり官人であることを示している（のではあるまいか）。

△ 略伝・参考文献

718?～785年8月23日　武門の雄大伴一族の長、大納言歌人旅人の長男に生まれ、波乱の人生を送る。31年旅人没。（37年橘諸兄が非藤原政権を。）45年従五位下、翌46年越中守、51年少納言、帰京。（56年諸兄致仕。）58年因幡守（左遷）。62年復帰も、64年薩摩守（左遷）、67年太宰少弐。70年中央復帰、71年従四位下、74年相模守兼上総守、75年衛門督《かみ》、78年正四位下、80年参議、81年従三位。82年川継事件に連座、解官。すぐ復帰し陸奥按察使（司法検察）鎮守府将軍、83年中納言、84年持節征東将軍。85年任地で没。没後種継暗殺事件で除名、家財没収。806年勅命により名誉回復、本位に復す。

①『万葉集』②『万葉集』（日本古典文学大系4〜7）折口信夫『口釈万葉集』（折口信夫全集4・5）佐佐木信綱編『新訓万葉集』（上下）斎藤茂吉『万葉秀歌』（上下）③小西甚一『日本文藝史I』折口信夫「評価の反省――家持ちの歌の評釈」他（折口信夫全集9）山本健吉『大伴家持』（日本詩人選5）北山茂夫『大伴家持』

1・3　紀貫之――「古今集」と「土佐日記」

△和歌がはじまった　和風の確立――勅撰集

「日本」文学（Japanese Literature）＝「日本人」文学＝「日本語」（で書かれた）文学を、つまりは日本固有の文学を意識的にはじめたのは、紀貫之《つらゆき》である。10世紀になってからのことだ。

驚くべきは、この時代、自国（語）の文学をもっていたのは、チャイナ（唐）とローマにすぎなかったが、その唐もすでになく、ローマ帝国は衰滅していた。日本語の文学をはじめた貫之が、「世界文学の最前線」に立った、というのもオーバーではないだろう。もちろん「和歌」は貫之からはじまったのではない、ということはあらかじめ断っておこう。

貫之は、紀氏というかつては武門の名家の末流の出だが、紀氏一門は政争に敗れ、貫之の官位は最晩年に従五位上、ポストは地方官の土佐守を務めたものの、宮廷では木工権頭で終わっている。明らかに三流貴族だ。だが歌の世界では最初の勅撰和歌集『古今集』の選者であり、その歌は古今集1100首中半ばを占め、屏風歌の注文は引きも切らないという権威かつ売れっ子で、「御用」歌人として宮廷で鬱勃たる力をもっていた。

紀貫之の文芸上第一の功績は、和風の確立で、日本独特の文芸・表現方法である和歌を、漢詩の風下におかれた第二芸術から第一芸術にまで高めようとした、文芸・思想史上で果たした役割をどれほど大きく見積もっても足りない。

『日本書紀』はチャイナから日本国が自立する宣言書だった。しかし、その形式(とともに素材)はあくまでも唐風《チャイニーズ》であった。『万葉集』はやまとうたとして和歌を前面に押し出そうとするが、「文字」は漢字を用いるほかなかった。しかも、大伴家持以降、嵯峨から仁明朝にわたる9世紀全般、漢詩文におされ、とりたてての歌人を1人も生み出さなかったといっていい。

貫之が選者となった『古今和歌集』は、小西甚一や大岡信が述べるように、漢詩文全盛のなかで、類唐期＝第四期の六朝風表現を好んで採用し、智功的なニュースタイル、個性を感じさせないような個性という微細な差異的表現(「さま」)を確立しようとする。この新様式は、和歌が私的な(恋の)世界に退いて停滞していたのを、漢詩からその表現技法を借りながら、漢詩の地位にならぶ公的な意想伝達の手段として登場することを可能にした。勅撰和歌集(＝国風和歌集)の成立であり、和風の確立で、日本(語)の歌、まことのやまと歌のはじまりであった。

とはいえこれは、いかに貫之をはじめとする文化人が強力に推進しようとしても、天皇と皇室が旗を振り権門勢家が後押ししなければ空振りに終わるしかない、一大国家事業にも似た文化革命といってもいい。

△機知と技巧――『古今和歌集』

では古歌（万葉等）になくて貫之の歌に特長的だった古今風、機知と技巧に富んだニュースタイル、個性を感じさせないような個性という微細な差異的表現とはどのようなことをいうのか。

桜散る木の下風はさむからで空にしられぬ雪ぞ降りけり

正岡子規は、貫之を下手な歌よみで、古今集は下らぬ集だ、と断じたことはよく知られている。この歌などは桜を雪と見立てる「駄洒落」にすぎない、と切り捨てている。だが「歌はただ詠み上げもし詠じもしたるに、なんとなく艶にもあはれにも聞こゆることのあるなるべし。」（「古来風体抄」）という藤原俊成の判定をてこに、大岡はいう。

口ずさんでみるといい、「サ行の囁きのひめやかな音楽性」というような微細な差異に費やされた貫之の苦心には、万葉調の「勇壮活発」を好んだ子規の耳ではとらえることができなかった、と。そのとおりではないだろうか。

もちろん貫之は意識的な歌よみ、プロの歌人であり、すぐれた批評家でもあった。『古今和歌集』の「仮名序」で記す。

《今の世中　色につき人の心花になりにけるより　あだなる歌　はかなき言のみいでくれば　色好みの家に埋もれ木の人知れぬこととなりて　まめなる（まじめな改まった）ところには　花すき穂にいだすべきことにもあらずなりにたり（表だって堂々と持ち出せるものではなくなった）　その初めを思へば　かかるべくなむあらぬ（こんなはずではない）》

「勅撰」和歌集である。勅撰の国史である『日本書紀』や勅撰漢詩集の『凌雲集』（814）、その一大集成というべき『経国集』（827）とならぶ地位に、和歌がはじめて立ったのだ。結果、古今集が現れてのちに勅撰漢詩集が現れることはなかった。つまるところ古今集の「序」とは、いわば王朝文芸における和歌の勝利宣言をも意味したのだ。

その「序」で、万葉以降1000年余、和歌が私的な相聞、懸想の一手段として「色好みの家に埋もれ木の人知れぬことと」なっていたことへの、怨憤をなお込めずにはいられなかったというべきだろう。

漢詩にとってかわって、和歌がまじめで改まった国事の場所に出るとはどういう意味をいうのか。漢詩がもっていた詩文の富を奪うことだ、と大岡はいう。

春眠　暁を覚えず

処処　啼鳥聞こゆ
夜来　風雨の声
花落ちること知多少《いくばく》ぞ

孟浩然「春眠」の、あまりにも有名な五言絶句である。ここでたしかに「春眠　暁を覚えず」の作者（話者＝主体）は存在するといえばいるが、「処処」以降はもはや主体は完全に消えて、「自然」だけがあとに残される。しかし、このことによってかえって、作者＝詩人の「惜春の情」は鮮やかに刻み込まれることになった。

古今集もまた、《季節、その具体的な現象としての花鳥を眺めるまなざしは、対象化され類型化され理念化された季節・花鳥のむこうがわに、そういう季節・花鳥によって逆に意味づけられた人生というものを、二重写しの形で透視するのである。かれらの歌が、一人称の世界を歌うときでも同時に三人称的な抽象性、理智的性格を帯びてしまうのは、和歌が置かれるにいたったこういう位置・状況とも深く関わっていたのである。》（大岡信）

少し持って回った言い方だが、いわんとするところは明確だ。

古今集以降、公的にも私的にも、1000年以上にわたって日本人の季節感・自然観を支配してきた「感受性」（sensibility）が、かくして生まれたというべきだろう。わたしたち日本人は、以後、古今集が「定義」（限定）する季節や自然観の枠組みによって、現前の季節や自然を甘受するということになる。古今集を、貫之を、否定する子規だって、目の前にある自然に即してではなく、「季語」に寄って・依存して短歌を、俳句を詠まざるをえなかったではないか。

ただし古今集の自然のイメージは、京都、広くとっても畿内のものにかぎられている。このイメージにもとづいて、四季の精緻な分類、類型化がなされていったというべきだ。同時にこのイメージが固定化し、ついには日本人の現実の季節感覚とかけ離れ、「死文」化する運命を帯びなければならなかったということも忘れたくない。

しかしまず念頭に置くべきは、唐風をこんなにも鮮やかに和風に転用・転化した、その日本人の文芸「創造」の鮮やかさである。

△『土佐日記』——苦い勝利

貫之にはもう一つの文芸史上異彩を放つ功績がある。和文日記をはじめたことだ。ただし、和歌と日記は同じ一つのことをめざしていたというべきだろう。和歌を漢詩と同じ地位、あるいはその地位を奪おうという志《こころざし》で詠み、『古今集』を撰集する。漢詩文の日記とは異なる和文の日記を書くことで、和文（日記）を私的な領域から公的な領域に押し出し、漢文（日記）と同じ地位に置こうとするからだ。

10世紀はじめに和文日記が生まれた意義は大きい。

第1に、漢文で書かれた史書（『日本書紀』）や説話（『日本霊異記』）と同じように、リアルな対象（人物や事件）を叙述する作品が、はじめて和文で書かれたことだ。

第2に、筆者が成熟した視点、一人称、二人称、三人称、無人称等で叙述する方法をもったことだ。いうまでもなく『源氏物語』や『枕草子』に結実する和文創作（フィクション）技法である。

第3に、「日記」というが、読者を想定して書かれている。フィクション（仮構物語）を読むかなり高度な読者が生まれていたということだ。

貫之は（残存するものとしてははじめての）和文体の『土佐日記』を書いた。一人称の作品で、その冒頭に、ある。

《男もすなる日記《にき》というものを、女もしてみむとて、するなり。》

筆者は女ではなく、男（前土佐守＝貫之）であることは、公然の秘密である。なのに、なぜに、女に仮託させなければならなかったのか。

小西甚一は意表をつく説を立てる（『土佐日記評注』1951）。

漱石『吾輩は猫である』を小説ではなく俳文とするものがある。同じように『土佐日記』も立派な俳文であると認めたい、と。

猫に仮託して書くことで、当時不愉快きわまる陰惨な救いのない生活に沈んでいた漱石は、「自分」を笑い抜くことでむしろ救われた。貫之も、晩年、不幸に加えて、みずからが古今集によって打ち建てた表現理念に懐疑的になっていた。だがそんな懐疑をもちだしても、世に入れられるべくもない。巨匠の孤影寂然とした憂愁さは、「女」に仮託し、「笑い」のなかに溶かし込むほかなかった。「俳味とは、既成の感覚では律することのできない『おもしろみ』」なのだ。

折口信夫（『後期王朝の文学』）は、貫之は、女に仮託して「自分自身のことを客観視」して書いているが、内容は、「処処おもしろい点もあるが、全面的に、殺風景で、文学的なものはない。舟唄などをとり入れて、おどけているところがよいだけ」だ、ときわめて素っ気ない。だが「おもしろい…」や「おどけたところ」は、ただそれだけの非文学的なこと、笑いのための笑いではなく、笑いやおかしみとして文学的にしか語ることができないほど深い「世の苦さ」を含んでいるというべきものだといわざるをえない。

貫之にとって笑おうとしても他者に仮託して笑うほかないものとは、こういうことだろう。漢詩と対抗するために意識的に選び取った、初発時は破天荒と思えた機知と技巧に富んだ古今的な作風が、いまでは宮廷に共通な美意識「雅」になった。しかし歌はもともと直情を、おもいのたけを詠うものであった。晩年、古今風が勝利を確定したとき、ふとみずからが先導した古今風に疑問をもったとしても不思議ではない。『土佐日記』のなかにかく疑問を呈するいくつかある歌の一首（＊は、小西甚一の注解を借りる）、

曳く船の綱手の長き春の日を四十日《よそか》五十日《いか》まで我は経にけり

（＊こうして曳いて行く船の曳き綱のように長い春の日を、むなしく海上でわたしは四五十日に

も及ぶ間、過ごしてしまったことだ。）

に対し、文中で、「なぞ、ただ言なる」（＊何だってこんなにつかみどころのない表現なのだろう）「船君のからく捻り出して、よしと思えることを」（＊大将がやっとひねり出して、自分ですばらしいと思っているんだもの）、などと船中の家来たちにいわせている。

もちろん、当時の表現意識から外れた「ただ言」（＝「俗」）的表現、いってみれば「古歌」（万葉）調のストレートな表現のよさを認めて、古今風に対する皮肉まじりの、自嘲とでもいうべき記述を貫之がしている箇所と見るべきだろう。

『土佐日記』（935）が貫之の文学活動に占める特殊な位置を勘案できないと、この作品を読んだということにはならないだろう。（なお、日記については、別項〔「記」の文学〕を立てて、清少納言『枕草子』を中心に論じてみる。）

△伝統と新風

歌である。貫之が漢詩に倣い、その特長を摂取し、漢詩と拮抗する和歌を詠む先頭に立った。そのために古歌を捨てる。しかし古歌であろうが新歌であろうが、等しく「歌」である。貫之がどんなに独創的であっても、古歌の伝統を踏まえて新歌を読むほかない。「無」からの創造は不可能である。

万葉と古今とのあいだにはっきりした「裂け目」がある。貫之たちが意識的に開けた裂け目だ。

だが裂け目（クリーゼ）は無底ではない。両者は底でがっしりとつながっている。それが伝統（identity）である。

貫之は若き日、その裂け目を強調するように歌を詠み、歌を撰集した。だが晩年に両者が底流でつながっていることに気がついたのは、おかしなことではない。むしろすぐれた前衛派がたどる自然過程というべきだろう。

では貫之は先祖返りをしたのだろうか。そんなことはない。後年、万葉風によさを感じ、みずから万葉風の歌を詠ったからといって、万葉歌に帰れるものではない。直情で詠まない。しかし直情を醸し出すように詠む。古今の革新をめざす、俊成や定家の「余情幽玄」につながってゆく「予兆」というべきものだろう。

芸術は永遠だといういわれ方が好んでされる。「永遠」へは、一本道でつながっているのではない。ジグザグに、否定の否定を通じて進むほかない。伝統とは「同一性」（identity）を内包しつつつねに革新（innovation）をやめない態度のことだ。革新は伝統破壊の力だが、伝統継承の力がなければ不毛かつ不能に終わる。万葉から古今、古今から新古今、は行きつ戻りつ層を重ねる行程なのだ。

かつて貫之が先導した古今風は、いまや「正統」として定着し、固定し、陳腐化さえしてきている。そのなかに貫之自身の姿も見出される。勝利の「苦さ」を味わう思いが消えない。この停滞を打ち破りたい。焦燥のなかでその心情を詠うことができた貫之にこそ、乾杯したい。

△略伝・参考文献

871?～945? 紀氏末流、三流貴族の出で、40代半ばで従五位下、最終は従五位上。22歳『新撰万葉集』に入選。906年35歳『古今和歌集』撰進の勅を奉じ、和歌の最高権威者への道を歩む。これより内裏内外の屏風歌多数（全歌数1064中屏風歌539首）。930（～934）年59歳土佐守。その在任中に勅命で『新撰和歌集』を編むが、醍醐上皇の死で陽の目を見ず。69歳玄蕃頭、最晩年までしきりに猟官運動をする。74歳木工権頭。

①『古今和歌集』『土佐日記』②『古今和歌集』（日本古典文学大系8）『土佐日記 かげろふ日記 和泉式部日記 更級日記』（日本古典文学大系20）③大岡信『紀貫之』（日本詩人選7）小西甚一『土佐日記評注』（1951）小西甚一『日本文藝史Ⅱ』折口信夫「後期王朝文学」（折口信夫全集12）

第5章　最澄と空海——日本宗教の自立をめざして

1　「世界宗教」の創立？

空海（774〜835）は、最新の教義を持ち帰って、世界最新最高の教えと宣揚した。そんな空海を、独創的な思考者でかつ日本（人）離れした世界普遍の思想を展開した宗教＝哲学者だという評価がある。

その「独創」とはいかなるものか、「世界普遍」とはどのような意味なのか、この章で検証しようとする中心課題だ。

しかしまず、空海と並び称され、論敵とみなされた最澄の思考を検証してみよう。

最澄（766 or 67〜822）は、名実ともに、空海の先行権威者である。空海の著作は、それと名指さない場合でも、国家宗教となった最澄の天台宗を最大批判の対象とし、それに取って替わることを目している、とみなすことができる。

1・1　最澄

△天台宗の本義――仏の救済の前に平等

最澄は日本天台宗の開祖である。同時に、その日本哲学史上の位置でいえば、「最初の人」（西洋哲学史でいえばプラトン）であるという自覚をもった思考者であるといっていい。

最澄は、近江古市郡（大津市）に生まれ、780年に出家して最澄を名のり、785年東大寺で受戒し、国家公認の僧となる。だが教学を僧学院で学ぶことをせずに、直後、比叡山に籠もり「独学」修行（山林修行）するも、791年「修行入位」（最下位の僧位）をえ、797年31歳で「内供奉《ないぐぶ》」（＊定員10人　天皇の傍にいて常に玉体を加持する僧の称号　終身職）に補任される。

この最澄の異例かつ急速な栄進には、南都平城の旧勢力（その中心に南都六宗があった）を抑えることに腐心し、新都平安京の造成を進める桓武天皇の「意志」が働いていたことは否めない。

新しい学院（比叡山）で新しい教学（天台宗）を講じる最澄は、朝廷の全面支援のもとに、804年、国費留学生として入唐、1年後帰日、806年1月、勅許をえて戒壇院（正式の僧となるための具足戒を授与する式場。たとえていえば博士号授与機関である旧帝国大学）をもつ日本天台宗を開いた。

以後、比叡山は日本仏教学院《アカデミイ》の中心となり、円仁、源信、法然、道元、親鸞、日蓮等々、日本仏教界のニューリーダーたちのほとんどを輩出する「奇観」を呈することになる。

△最澄と空海の「確執」はあまりにも有名だ。しかし同時に、2人の共通点を見逃してはならない

1　ともに「地方」出身者で、門地門閥から外れたところから出発。

2　ともに教学を僧学院で学ぶというエリートコースを離れ、独学修行で悟りを開こうとした。

3　入唐し、最新の仏教学を持ち帰り、それを独自に集大成しようとした。

4　ともに「大乗」を「小乗」よりすぐれていることを自明の理とし、自説（天台・真言密教）を最高のものとみなす強烈な宗派意識（イデオロギー）をもっていた。

5　しかも2人はともに最新流行の「密教」を重視し、ともに国家鎮護を目指して、一代で国家公認の宗派を創建した。

およそこう約言できるだろう。

最澄が哲学史上はたした最大功績は、当時の仏教界を支配した法相宗の「三乗思想」に対して、新興勢力であった天台宗の「一乗思想」を主張したことで、田村晃裕のいうところを要約すれば、「乗」とは迷いの此岸から悟りの彼岸へ衆生を渡す「乗り物」のことで、三乗とは小乗仏教の声《ショウ》聞《モン》乗と縁覚乗、そして大乗仏教の菩薩乗がある。声聞は釈尊の声を直接聞いた弟子たちの意で、小乗の初歩的な段階をさす。縁覚（独覚）はひとりで縁によって覚るという意味で、小乗の高い立場をさす。菩薩とは、自分が覚りをめざすだけではなく、同時に他人をも覚りに導く大きな立

場に立つ者で、したがって大乗である。

ただしこの三乗の区別は、救われるべき相手の能力や素質に応じて説かれる、仮のものにすぎない。声聞乗の者でも、初歩の段階を了解し、さらに上の乗り物に乗ることができる。結局は、どのような者でも仏教の究極目的である成仏に至ることができる、というのが一乗思想なのだ。

（「日本仏教の脊梁・最澄」、『最澄　空海』日本の名著3　解説）

最澄は一乗思想を理念とする天台宗こそ「仏の救済の前に平等である」という。法相宗が、「人間には、仏になれる人、なれない人、小乗仏教にとどまる人、仏教に無縁な人がいる」と説くが、それと対極をなすといっていい。

この成仏（仏の救済）の前に平等という一乗思想は、理念的にいうと、後に、天台から出て天台を捨てた親鸞に引き継がれる。（なお最澄が叡山に籠もるとき記した「願文」に「愚中極愚狂中極狂　塵禿有情　底下最澄」という言葉がある。親鸞が自分を「愚禿」と称した由来だろう。）

しかし奈良六宗を小乗とみなす最澄の挑戦的な言動は、当然ながら大きな軋轢と抗争を生むこととなった。また唐の仏教界は、比叡山の戒壇（大乗戒壇）で授戒した僧を正式の僧とは認めなかった。

△大乗と小乗

最澄は、南都六宗を「小乗」（劣った乗り物）とみなし、天台こそ「大乗」（立派な乗り物）であると主張する。この小乗と大乗の関係はいかなるものか。

小乗仏教と大乗仏教は仏教の二大流派とみなされる。しかしこの区別は、マルクスやエンゲルスが自派の社会主義（「科学的」社会主義）と区別するために、サン・シモンやフーリエの社会主義を「空想的社会主義」と蔑称したことと、ほとんど同じ意味を持つといっていい。すなわち、自派や自説が他派や他説より正しく、優位しているという「正統」意識の所産で、最澄が南都六宗を差別して「小乗」と呼び、自らを「大乗」として、その優位性、正統性を主張したのも、同じ理由による。

「小乗」とは他からの蔑・貶《へん》称である、という点では共通している。ところが、大乗（インドからチャイナへ伝播した）仏教優位、小乗（南方地域の仏教）劣位という説、大乗のなかでも法華経が最優位の経典である、という説がまかり通っている。

大乗優位、小乗劣位の通説を打破したのは宇井伯寿（『大乗仏教中心思想』久遠閣　1924、『仏教汎論』岩波書店　1946）で、宇井がすでに詳しく説くところを、谷沢永一（『大人の国語』PHP研究所　2003）が引用し、解説している論点を要約していえば、

1　大乗小乗が別れたのは、深刻な教義に基づく必然ではなく、たんなる部派《セクト》対立による。し

たがって、大乗優位、小乗劣位の根拠はない。

2　従来の仏教研究法は、本来なら、経典をその成立や伝播に即して観察しなければならないのに、経典を読解した釈義＝理論によって、「複雑化」＝発展・優位と見た。

3　したがって、法華経がもっとも尊いといわれているが、その根拠はない。

4　仏陀（紀元前463?～383）が直接説かれたものを直接に記録したものは一つとしてない。いわんや紀元前1世紀に出現を見た大乗経典が仏説であるという理由は寸毫もありえない。

5　以上をさらに岩本裕『日本仏教語辞典』で補強すれば、「小乗」から蔑称を取り去ってその意味を解すれば、「声聞乗」を仏の教えそのままと信奉し、仏教の原初的な性格である修行生活を神聖な伝統とする出家集団の仏教である。

いまひとつ、谷沢が付言するように、経典のなかで法華経がもっとも尊いとする優越・正統意識が、満州事変から2・26事件へと、「国家改造」に狂奔した謀略家たちを生み、新興宗教のほとんどが法華経から分派した、という歴史事実も忘れてはならないだろう。

つまりは、最澄も、そして空海も、この優越・正統・最新意識をもって、自説を展開したという歴史事実を再確認しておかなければならない。

△天台宗における密教の位置

最澄は独学独修したとはいえ、入唐前、すでに法華三部経の講義をはじめており、また南都六宗の僧たちと法華経をめぐって議論をし、802年には高雄山寺で天台の主要著作について数カ月にわたって講義をしている。これらが桓武天皇の耳目を引いた理由だ。（なお高雄山寺は和気氏の私寺で、のちに空海がここで最澄に密教の灌頂〔結縁〕を授けている。）つまり最澄は入唐前にすでに天台の教義について相当程度以上に精通していたということだ。

最澄は入唐するや、短期1年留学という理由からも、すぐに首都長安には赴かず、台州の竜興寺にちょうど来合わせていた天台宗第七祖道邃《どうすい》の弟子になり、そこから天台山に直行して行満に天台教学を、台州に戻ってふたたび道邃に教学を、禅林寺で禅を、国清寺で曼荼羅行事を師承された。そして帰国までのわずかな期間（1月）を利用して、越州に赴いて順暁に密教を学び、灌頂を受けている。すなわち704年9月26日台州に着いてから、翌年5月中旬に明州を発って帰路につくまでのまことにあわただしい留学であった。

最澄の幸運も不運も、「最初の人《パイオニア》」であることからきている。天台を独学独修してきた成果の是非を、本家本元の唐の師（権威）たちに直に教えを請い、独修と師承とを照らし合わせることで、自分の修学の正しさを「確認」することに主力が注がれたとみるべきだろう。それに加えて密教なのだ。

天台（『法華経』）と密教とはもともと流れも、思想基盤も異なる。しかも最澄が19歳で比叡山に登り、山林修行し、38歳で入唐するまで、密教の経典を手に取ったという形跡は見あたらない。では最澄は密教とまったく無関与であったのか？　そうではないだろう。

最澄はのちに空海によって、「筆授」（書物を読むことだけ）で密教を会得しようとしている、と批判されるが、僧院（大学）で学ぶことを拒否し、既成のアカデミズムから離れて山林（比叡山）で独学独修に専念したこと、留学時に時間的制約にもかかわらず、経典・文献類を収集することよりも、天台だけでなく密教をも師について口・身伝えで学ぼうとしていることからも明らかなように、たとえ最澄の密教会得が、「正統意識」を掲げる空海から見て不十分に思えても、「筆授」というのはほとんど言い掛かりに等しい。

なによりも重要なのは、最澄が天台教学のなかに律、禅とともに密教を包摂しようとしたことだ。なぜか。立川武蔵（『最澄と空海』）が述べるように、隋・唐から伝来した仏教（天台）によって山川草木すべてに魂（生命）が宿るという日本伝来の神道観（アニミズム）を包摂するためであった。これを逆にいえば、天台（仏教）の日本化を無意識に、のちには意識的に企てたと見ることができる。

最澄は『法華経』を最上位に置いて南都六宗と対峙した。

しかし空海は天台も南都六宗も顕教であることにかわりはなく、天台密教は「雑密」の一種に過ぎず、真言密教こそ唯一至上の教え（「純密」）であると主張する。

ここに是非にも疑問としなければならない3つの問いが生まれる。

第1、顕教になぜ密教が優位するのか？

第2、「雑密」と「純密」に優劣はあるのか？

第3、空海は真言密教を「純密」というが、何をもって「純」ということができるのか？
これはひとり顕教と密教、雑密と純密との関係における問題に限らない。こんにちでも、合理・実在と神秘・超越、通俗・粗雑と純粋・洗練が対置されているからだ。しかし両者は対立し、他を排する関係にあるのだろうか？

たとえば純哲が雑哲（通俗哲学）に優位するのだろうか？ その優位する「基準」をいわなければ、少数特殊者にしか理解できず、たんに難解（空論）で実践不能な哲学が、よりすぐれたものだという主張にならないだろうか？

ひとり空海とその相伝者たちにしか体得できない密教が、唯一至上のもの、「純密」と主張できるであろうか？ もしそうならば、空海が主張する「純密」は、最澄の「仏の救済の前に平等である」という思考とあいいれないだけでなく、私見では、最澄から親鸞へと続く思考と比較するに、より独善的で劣位のものとみなさざるをえない。

△アラモード

なぜに「密教」が「顕教」に「優る」のか、は学理の問題としてではなく、時代意識の問題としてなら理解することはできる。

密教は「最新」の仏教であった。平安に都を移したころの日本では、たしかに天台も華厳も新しい仏教であったが、さらに新しいのは密教である。「新しさ」には大別して2つある。

1　密教は、7世紀、大乗仏教の『般若経』や『華厳経』の思想等を基盤にし、ヒンドゥー教の影響を受けて成立した最新の教えであり、8世紀に漢訳された『大日経』や『金剛頂経《こんごうちょうぎょう》』を経典とした最新流行の仏教であった。

2　密教の中心思想に「即身成仏」がある。仏陀（原始仏教）が禁じた、治病、延命、招福など、世俗利益を招来させる呪術や秘法を、その不可欠な修法として取り入れている。

インドから密教がただちに隋や唐で迎え入れられたのは、不老不死など「現世的な利益」を追求する道教の存在があったことと無関係ではない。日本に目を転じれば、最澄が留学してまもなく、桓武天皇が病におかされ、その平癒祈願のためにさまざまな修法が試みられたが、はかばかしくなかった。帰国後ただちに最澄に望まれたのはまさに治病、延命の最新の呪術や秘法を高唱する密教の修法であった。

日本で最初に密教を導入したのは最澄で、帰国の3カ月後、高雄山寺で伝法灌頂を行なっている。翌806年1月、最澄の天台宗に年分度者（毎年一定数許可される得度者のことで、天台宗には2人）の許可が下りたのも、密教と関わっていた。この2人のうち1人は密教専攻で、最澄は最新流行の密教を招来させた新帰朝者として迎え入れられたのだ、ということを失念してはならない。

ただし密教の「流行」は唐でも日本でも「世俗」を属性（固有の性質）としていた。密教の招来は現世的な需要＝必要と手をつないだものだったのだ。空海が「真言密教」を「純密」とし、最澄等の密教を「雑密」と峻別したが、「即身成仏」を含め、世俗利益の属性はどこまでもついて回っていたことを忘れてはならない。

端的にいえば、「純密」（という立場・立言）こそ真言宗の「世俗的権威」の源泉であったということだ。（これは、1960年までまだ存在した東大と京大を頂点とする「象牙の塔」という超俗的な学的意識が、そのまま「世俗的な知的権威」を主張したことと、事情を同じくしているといっていいだろう。）

1・2　空海――密教の構造

△『三教指帰』　思想ドラマ

空海は、修行遍歴時、24歳で『三教指帰《さんごうしいき》』を書いた。小伝を含む、三教（儒・道・仏）の指帰（説くところの帰結＝真理）いかんを闘わせるドラマ形式の思想書だ。

亀毛先生はいう。儒教は学問だ。忠孝、仁義礼信の徳を説く。ひたすらそれを学びなさい。孔子の言葉に「耕してても飢えることがあるが、学問すれば俸禄はそこに自ずからえられる。」とあるではないか。

対して、虚亡隠士は、儒教は世上の成功を願う俗論にすぎない、と冷ややかにいう。世俗の生活をふり返ってみるといい。貪欲に縛りつけられ、心を苦しめ焦がし、愛欲の鬼に呪縛され、精神を焼き尽くされている。道教は、心に任せてのびのびと寝そべり、淡泊で無欲、ひっそりと声なき「道」の根源的な真理と一体となり、天地とともに悠久の寿命を保ち、日月とともに生の愉楽も永遠である。肉体をそなえた永遠の生命を実現できる「神仙養生」の術を教えるものだ。最後に仮名乞児《コツジ》が現れる。風体からして異形である。乞児はいう。人間には三界に家などない。人間が住む六趣（地獄・餓鬼・畜生・修羅・人・天）という六コースは、変化してやまない。だから私はときに天に住み、ときに地獄に住む。儒者よ、あなたは親に孝というが、親などどこにいるのか。輪廻転生である。餓鬼や獣もみな私とあなたの父母妻子なのだ。始めもなく終わりもなくつぎつぎに生まれ変わり死に変わって定めなく変化転生してきたのだ。いっさいが無常である。無常の嵐は神仙をも容赦せず、不老長寿の秘薬をいくら飲もうとこの世に引き留まることはできない。三界の束縛を知ったからには出家することこそ最上の道だ。

本書は儒学の徒＝学生である空海が、仏徒になる宣言書でもある。だが空海の「転向」（conversion＝回心）の書ともいえる『三教指帰』は、仏教が儒教や道教よりすぐれていることを「証明」しているだろうか。

儒教は孔子がまさにそうであったように、「怪力乱神を語らない」を本性としている。人間の本性（nature）に即した教説に他ならない。儒教の本意に即していえば、仏教はありもしない「異界」を設定し、そこへと人間を誘引する邪説に他ならない。また道教の「神仙」思想と仏教の「成仏」思想には、不老長寿・永世救済を願う世俗的希求という点で共通している。空海の儒教、道教批判は、急進的（ラディカル）に見えて、自己の哲学的基盤をいまだ広くかつ深く掘っていない、たんなる否定主義（ネガティビズム）に陥っているといわなければならない。

つまりは、儒教との絶縁宣言だが、仏教独特の境位にはまだ進んでいない「若書き」の所産だとみなす他ないものなのだ。

かかる評価は空海のこの思想ドラマ書の存在意義を否定することを意味しない。儒学徒から仏教徒に飛躍するためには、このような自己否定と自己肯定（＝自己了解）を必要としたと見るべきである。そういう「限界」をこの書がもつということだ。

△顕密弁別

空海の教説で最も理解不能と思えるのは、顕教に密教が優るという主張だ。その主著『弁顕密二教論』の冒頭にこうある。

《そもそも仏には三身あり、その教えには二種ある。応身仏と化身仏の教説を顕教という。その表現は表面的で簡略、相手の素質に応じて説かれる。対して法身仏の説法を密教という。その表現は秘密で奥深く実説（真言説法）である。》

まず、顕密弁別として、「仏」の根源的性格が問題になる。

仏教は仏陀（釈迦牟尼仏）を開祖とし、仏陀を神格化し、その教えを信奉する宗教である。この意味で仏陀が「法身」（超人間的な絶対存在）である。しかし仏陀入滅後、仏陀が彼の教えを受け信仰するものの能力に応じてさまざまな姿で現れ、「応身」と訳された。応身仏としての仏陀である。しかしすべての応身仏を歴史上の唯一の仏陀で彷彿させることは、時が経るにしたがって、不可能になる。それで、応身仏の「化身」（報身）となりうる象徴化された仏をある特定の仏として登場せしめた。阿弥陀如来（永遠に教えを説く存在＝無量寿仏）や薬師如来（衆生済度（医者の医療にたとえた）の仏）であり、化身仏である。大日如来は太陽神に由来し、これが仏教に取り入れられた、元来は化身仏である。ところが、あらゆる仏を仏たらしめている根源的な仏の顕現としてあがめられ、仏陀と一体化され、さらには「歴史上」の仏陀さえ「仏」たらしめる原初仏の地位に昇った。大日如来を法身仏と説く密教教学の誕生である。

対して、仏陀を法身と化身にもとづいて説くのが顕教で、密教にたいしてより根源的でないとされる。これは一見して奇妙な「転倒した弁証」（詭弁）である。

仏教の根源性は仏陀に淵源する。大日如来ではない。（キリスト教はユダヤ教と同じヤーベ《エホバ》を神（父なる神＝創造神）とし、キリストは歴史的存在でありかつ神の子であるとする。この点で神の一体性を失っていない。）

大日如来は歴史的存在である仏陀の普遍性――遍在性と永遠性――を明証するための化身（報身仏）である。もと応身の対象化とされた一化身であったものを、法身、信仰と教説の原初にして中心かつ最上仏にすえるのは、あからさまな転倒である。密教はこの意味では、仏教ではなく、歴史的にも、教義的にも、「新」仏教であるといったほうがいい。むしろ、仏教としては、最澄の天台宗のほうが、密教（大日経等の教義）を一分子とする統体としての仏教を編成しようとする点において、教義的には一貫しているといっていい。

次いで、空海はいう。

顕教は、応身仏で明らかなように、信仰するものの能力に応じて現れる。したがって現れるのは、人間＝信仰者の心がとらえたかぎりでの仏であって、仏そのものではない。仏そのものは、仏そのものと心身において一体化（成仏）することによってしか、現れない。密教の密教たる所以は、大日如来の真言を解する呪法＝加持祈禱（息災・増益・調伏）と灌頂（結縁・学法・伝法）の会得・体得にあるとし、これを真言宗の中心に据えたのだ。

言表できない、秘技や秘伝（加持祈禱や灌頂）によって（のみ）到達可能なものは、たしかに「密」（esoteric）とはいえるかもしれない。だが、この「密」とは曼荼羅（大日如来の世界像）に示されているように図像的であり、加持祈禱や灌頂に現れているように身体・儀式＝実践的な性格を帯びている。その図も実践も、それ自体としてみれば、少しも「深奥」ではない。その表現は、すべての人の感性（身体）に直接受容可能なものである。その意味で誰でも覚知可能な「通俗」なのだ。しかしその図と実践が表現するものは、「隠れた」（現れることのない）、「深奥」（超難解）で、超能力の仏の顕現とされ、仏本体との一体化は超能力を有する選ばれた少数者にしか可能でないとされる。

このような密教による顕教の批判は、まるで奇蹟や超能力を誇る心霊術（spiritualism）が、経験論や合理論を浅薄で平俗なものである、と批判しているのと同じように思える。その実、心霊術は、不可視・不可触な霊的存在が「物質」化して現れ、可視化・可触化すると主張するタダモノ論の一種にしかすぎない。はたして密教はこのタダモノ論と自己弁別できるのだろうか。

△十住心論

空海の独創は、顕密弁別にあるのではない。

端的にいえば、一密が、九顕の上位であり、かつ九顕を包摂しつつ統合する統体であると主張するところにある。空海が、一切の経典を整序し、それを密のもとに包摂・統合した、体系家であるとされる所以である。

ちなみに、ヘーゲルが過去の諸哲学を経巡りながら、それらを自己の哲学体系の一因子・契機として包摂・編成し、ヘーゲル哲学を「最後の哲学」（哲学の完成）としたのと、事情（動機）はまったく同じである。ただしヘーゲルは哲学史を自ら書き、その哲学体系を哲学的百科全書要綱（論理学・自然哲学・精神哲学）として論述した。対して、空海は（ヘーゲルのように）顕教の経典・教理を一つ一つ検証して、それらを整序統合したわけではない。

空海は主著『秘密曼荼羅十住心論』で九顕一密を次のように特徴づける。

生きとし生けるものの住居に十ある。一・地獄、二・餓鬼、三・畜生、四・人宮、五・天宮、

六・声聞宮、七・縁覚宮、八・菩薩宮、九・一道無為宮、十・秘密曼荼羅金剛界宮だ。

また心の状態に十段階ある。一・異生羝羊心（凡夫の我欲）、二・愚童持斎心（発心＝善心の兆し）、三・嬰童無畏心（初心＝宗教心の目ざめ）〔以上は、一～五住に対応する〕、四・唯蘊無我心（声聞心）、五・抜業因種心（縁覚心）〔以上は、六・七住に対応し、ここまでが小乗仏教の立場である〕、六・他縁大乗心、七・覚心不生心、八・一道無為心（法華一乗・真実世界）、〔以上は、大乗顕教の立場で、八は一道＝法華一乗＝天台宗に当たる〕、九・極無自性心、十・秘密荘厳心である。〔九で顕教から飛躍する普賢菩薩の真言の階梯をへて、十に至る。〕

《秘密荘厳住心とは、つきつめていえば、自らの心の源底を覚知し、ありのままの自らの身体の数量を証悟するのである。いわゆる胎蔵海会の曼荼羅と、金剛界会の曼荼羅とがこれに当たる。》

つまりは大日如来との一体化である。

ところで、九顕一密は縦の構造で、九顕と一密は非連続で、対して九顕十密は横の構造で、顕密は連続的である。こういわれる。だが顕密は非連続かつ連続、排除かつ包摂という関係であって何ら差し支えない。密は顕の最上位にあり、九顕を前階梯＝土台とするが、九顕を産出する原初（端初）にして、九顕を超越した至上の成果（終端）である。またこれを証左するためにこそ、大日如来を原初として、すべてが、仏陀さえが生まれ、仏陀を介して大日如来の慈悲が人間にもたらされた、という真言密教の世界構図が造られたといってもいい、と。

しかも忘れてならないのは、岩本が指摘するまでもなく、曼荼羅（マンダラ＝集まり）に描かれた諸仏は、（4世紀に確立し、5～10世紀に発展した）ヒンドゥー教の諸神や諸鬼霊を取り入れ、また多くの仏を造り出したことだ。たとえば、胎蔵曼荼羅の外金剛部院に二百二尊はすべてヒンドゥー教から、金剛界曼荼羅の三十七尊のなかで三十二菩薩が新しい所産である。つまりは、ヒンドゥー教に由来する諸神格が仏教の外護神として、あるいは諸仏の陪侍として、日本に密教とともに招来されたのである（岩本裕『密教経典』読売新聞社　1975）。密教を新仏教という所以だ。

2　日本化された密教

2・1　「世界＝チャイナ普遍」の移植――「諸法実相」と密教

近代日本は、そして部分的には現在も、官学のイデア・ロゴス（観念・論＝哲学）の正統性を、世界普遍性を標榜するカントからヘーゲルまでの時期に属する18世紀ドイツ観念論にあるとしてきた。これが井上哲治郎からはじまって、西田幾多郎、丸山真男等々が領導する日本近代哲学ならびにアカデミズムに、大きな「ひずみ」を生んだことは多くの論者がすでに指摘するところだ。

しかし同時に忘れてならないのは、ドイツ観念論は、カントもヘーゲルも、イギリス経験論

（知覚一元論）と大陸の合理論（デカルトの主我主義）をのりこえようとする試みであったことだ。感性と理性、現実と理念、実利と権義を（たとえ理と義を主体としてであろうと）統一的にとらえようとした。

まさに、ドイツ観念論の導入は、現実と理念の乖離《ギャップ》に苦しむ近代日本の国家と社会と人間の要請から発していたという側面があった。

桓武天皇が、京（平安）に遷都し、旧体制（平城）を脱し、新体制のもとに国造りをしようとして最澄を起用し、日本の正統性の規範である最新の世界普遍《チャイナ》を輸入しようとした事情も同じであったと見ていい。

最澄が伝えた天台宗の思想をひとことで表現すれば「諸法実相」で、諸法＝現象世界が実相＝真実の世界である、だ。しかしこれは一見して、インド生まれの仏教思想、「諸法無我」、「諸行無常」と似て非なるもの、まったくの逆を行くものではなかろうか？　けっしてそうではない。

最澄が渡唐した時期、チャイナ仏教は成熟期を迎え、インド仏教から離れ、チャイナ化された仏教に転じていた。最澄が持ち帰ったのはチャイナ化された成熟期の天台法華である。

しかもこの「諸法実相」は、山川草木すべてに神（仏）が宿るという日本の土着思想（アニミズム）とみごとに調和した。極言すれば、チャイナ化された天台・法華思想が現象世界を、空なるものであっても、とにもかくにも真実の姿を見せているのだ、と考えたのに対して、日本仏教は、最澄を最初の橋渡しとして、現象世界は空なるものであるというよりは実なる姿を示している、という極までたどり着く。曰く、人間は成仏できる、すべての生類に仏性がある、すべてのものが実相を示している、という「日本型実相論」が生まれるのだ（立川武蔵『最澄と空海』講談社　1998）。まさに世界普遍（チャイナ・スタンダード）を組み替えた、ジャパン・スタンダードの誕生である。

そして空海が持ち帰った、チャイナ仏教の最新流行であった密教の思想の核心もまた、大日如来・世界（＝如来の身体）・人間の身体の三者は相同（homology）、質的同一性である、にあった。ただし最澄の「諸法は実相である」や空海の「世界は仏の身体である」は、密教を成立させる必要条件ではあるが、十分条件ではない。その十分条件とは何か？

曼荼羅に示されるように、世界は大日如来仏の身体であるとは、世界と如来がたんなる相同であることにとどまらない。世界は、仏の身体として「聖化」されたものでなければならない。密教の行者は、《この相同性を回路として自身の身体に世界を受け入れ、世界の「聖化」をその身体に体験することによって、自身もその「聖化」に参与する。そのための行法のさまざまな過程を、密教教典はときに具体的に、ときにはシンボリックに語っている。

「聖化」は瞬時的に体得されるものであるゆえ、師から弟子への指導もまたときに理論的、とき

に実践的なものであったろう。》（立川　250）

密教の密教たる所以はさまざまな行法、加持祈禱と灌頂にある、というのは最澄においても空海においてもかわることがない。

2・2　「世界普遍」――真言宗の創始

密教はいうところの実在論ではない。実在論は、たとえばリンゴの実体（substratum　基体）と属性、重さ・香り・色や運動などを弁別する。だからリンゴからその属性をすべてのぞくと、重さも、香りも、味も、色もない、リンゴと呼ぶしか他になにもない「なにものか（概念＝基体）」が実体として残ると考える。

密教は、実体と属性を別個のものとしない唯名論をとる。仏教の唯名論に2種ある。1は実体は存在せず、属性や運動（現象）が存在する。2は属性や運動（現象）は実在ではなく、基体としての実体が存在する、である。

チャイナの仏教はこの唯名論の1を継承する。「諸法実相」であり、最澄や空海が確立した新日本仏教はさらに徹底して、「諸法は実相なり」と断じる。

ならば、人間は仏の身体である世界を受け入れ、その世界と仏に一体化して「即身成仏」をとげるには、いかなる行法があるか、を密教は明らかにしなければならない。これを明示することこそ密教が密教たる所以、その特質である。その行法の不可分の一つである加持祈禱や灌頂が重要視されるのはいうまでもない。

ただし忘れてならないのは、密教（密儀）は仏教にだけ存在するのではない。すべての宗教が不可分にもつ要素である。たとえばキリスト教の洗礼や礼拝もその一種である。

その仏教密教が日本に移植された。だが重要なのは、仏教密教はインドにおいても、チャイナにおいても、天台宗や華厳宗のように、独立した宗派を形成したわけではなかったことだ。たしかに空海は密教経典を漢訳し、大成したといわれる不空の弟子恵果に青龍寺で師事し、師から真言密教の「第八祖」を継承した。空海は密教の正統を受け継いだといわれる理由である。

これはチャイナと日本とを問わず耳目を驚かすにふさわしい事跡である。しかし密教教義と行法を体系化し、真言密教を至高の宗派に仕立て、真言宗を創建したのは、空海とその弟子たちの力によるものだ。

つまり密教＝世界普遍が日本に伝えられたのではなく、密教は日本において世界普遍になったというべきなのだ。その理論的弁証が真言密教を仏教の最上位に置く、弁顕密二教論であり秘密曼荼羅十住心論であった。その実践的弁証が「即身成仏」の行法である。

ただし真言密教がたんなる宗教としてではなく哲学として世界普遍を主張できるためには、いうまでもないが、

1に密が顕に優位すること、

2に大日如来が仏陀の法身であること、

3に大日如来とその身体である世界との一体化（即身成仏）が現実的に可能である、ということが明証できてのことである。1と2については、疑問を呈せざるをえなかった。3については、カントに倣っていえば、人間にはデンクバール（dennkbar）＝「考えることはできる」が、エアケンバール（erkennbar）ではない。考えることはできるが、認識＝明証は出来ない。

さらにいえば、論じることはできるが、「信＝宗教」の問題である。

2・3　「筆授」と「師承」

〈論と宗教

最澄は南都六宗は「論」であって「宗教」ではないと難じた。

最澄が若くして学院で学知を研鑽することを放棄し、山林修行のなかで独学することをあえてした理由であり、その修行の結論でもあった。天皇の推挙があったとはいえ、最澄が大いなる抱負を抱いて入唐し、天台宗だけではなく、密教を持ち帰ったのは、時間的余裕があったから最新流行のものを「付属」（みやげ）としてたまたま持ち帰ったのではなく、寸暇をぬってまでして、最新のそしてまた特殊独特の密儀を本意とする密教を日本に移植しようとの抱負を抱いていたからだろう。

その最澄を、空海は、最澄の密教は「筆授」であって、「師承」ではないと難じる。最澄としては大いに不満であったに違いない。

しかしおのれを振り返って考えてみればいい。最澄は南都六宗を宗教ではない、国家を護持し、人間世界の苦悩を救済するにたるものではない、と難じた。南都六宗を弁別し、切って捨てたのだ。

△「灌頂《かんじょう》」なぞおこがましい

その最澄と同時に唐に渡り、もっぱら密教修得に励んできた空海から見れば、つまみ食い程度に密教を学び持ち帰った最澄が、朝廷内外から密教行者として迎えられ、すぐに灌頂（＊密教で、伝法・授戒などのとき、受者の頭に香水《こうずい》を注ぐ儀式）を行なっていた。

空海が真言密教の独自な意義を明らかにし、独立の宗派として天台宗と並び立つためには、最澄が持ち帰った天台教義ならびに密教と自己弁別することに全力を挙げなければならなかった。かくして天台法華は顕教の最高位だが、真言密教とは異次元、低位のものであると断じることになる。

最澄自身、日本に本格的な密教を持ち帰ったファーストランナーとみなされたが、その密教に不足を感じていた。したがって、腰を低くして空海から密教を学ぶことを請い、空海が持ち帰った密教経典類の貸与にあずかっている。それに対する空海の「最後通牒」が、空海が恵果にしたように、最澄が空海に「師承」を請え、という言だった。

最澄が持ち帰った天台宗には密教は存在しなかった。最澄が密教を天台教義体系の一つに加えることに執念を燃やし、（すでに記したように）密教的性格を若いときから持していたからでもある。密教修得の念は激しく、すでに「灌頂」をほどこす主宰者であった空海のもと、高雄山寺や高野山寺で、灌頂を受けてさえいる。

だがそれは入門儀礼的性格の灌頂にすぎなかった。空海は、最澄が望むような密教修行の完成したものに与える灌頂には、空海の膝下で最低3年修行に専修すべきだ、と最澄に伝えた（といわれる）。これは最澄に「師承」を勧めながら、あなたには師承は無理ですよ、という処断に等しいことだった。

△最澄「対」空海――「台密」は雑密

しかし、そもそも最澄と空海にとって、密教の「位置」するところは違っていた。

最澄は天台教学（『法華経』の人間は成仏できる、すべての生類に仏性がある、すべてのものが実相を示している）と、密教とは接点を持っており、天台体系のなかに密教をきちんと整序編成できると考えた。端的にいえば、密教は天台の一部であり、それゆえにこその密教重視である。

対して、空海は密教を顕教に対置し、天台法華をはじめとする顕教を一段と低い位置におこうというもので、密教が仏教の一にして全であった。二人にとって密教の比重が異なっていたのだ。

以上の点を踏まえれば、最澄の立場からは、最澄が「筆授」であり、書物から密教を学ぼうとしているという空海の論難は、難癖に等しいだろう。しかし密教を一にして全だという空海の立場からすれば、「師承」をへずに密教を学ぼうとする最澄を「筆授」の人と難じるのは、まさに必然であったといいうる。

空海は真言密教を「純密」といい、他の密教を最澄のを含めて「雑密」という。この言やよしだろうか?

密教が一にして全だという空海の立場に立てば、是といえる。しかし、密教も仏教の一部であるという最澄の立場（これが仏教界全体の共通理解だろう）では、その密教は「純」かもしれないが、ヘーゲルの哲学体系では純粋有（はじまり）と絶対理念（終わり）のみから成り立つ、過程（中味）のないものである。たしかに空海によれば顕教を包摂した密教といわれるが、その過程が明らかにされるまでは、純粋（裸のままの）密教としかいいようのないものといえよう。

では空海はその過程を明らかにして、真言密教の体系を築いたであろうか。最澄はよく密教を取り入れ、天台体系を成立せしめただろうか。学的体系形成の問題はここでの議論ではないが、真言学派より天台学派がよりよく成就したように思える、とだけはいいうるだろう。密を含む仏教（宗教）と、密に収斂される仏教（宗教）の違いから来る、といっていい。

2・4　伝説——即身成仏を説いて頂点にのぼる

△超スピード＝超人技

空海は讃岐多度郡（善通寺市）に生まれた。佐伯氏に属し、15歳で上京、18歳で「大学」に入学したが、すぐに学業を放棄、各地で私修行する。

８０４年、31歳、私費留学生として入唐、翌年、青龍寺の恵果に師事し、真言密教の第八祖を継ぎ、８０６年帰国する。

８１６年、高野山開山の勅許をえる。８２３年、東寺（教王護国寺）を与えられ、真言の根本道場とし、８２８年付属機関として私立の「綜芸種智院」を創設する。

空海の生涯はかずかずの「伝説」に満ちている。そのなかでも最大のものが、８０５年5月下旬か6月上旬に恵果にはじめて会見し、6月13日に胎蔵界の灌頂を、7月上旬には金剛界の灌頂を、そして8月10日に阿闍梨《プロフェサー》位の伝法灌頂を受けたことだ。

恵果はその年の12月15日に亡くなる。出会いからおよそ6カ月余のあいだに、空海は真言密教の「法統」を受け継ぐが、そのスピード振りは尋常でない。

空海は後に最澄に、正式な灌頂を受けるには3年修行が必要だといった（とされる）。しかし空海は恵果からおよそ1月余で両部の灌頂を受けたのだ。まるで、入唐する前に密教修行の実際をほとんど終え、恵果に出会う前に長安で修行に最後の磨きをかけ、会ってすぐ最終試験（＝面接）を受け、ただちに合格の証書をえて、師弟の契りを結んだ次第に思える。実際に、そうだったろう。まさに超スピードの超人技としかいいようがない。

理由は判然としないが、18歳で学業を放棄し、ひたすら各地で密教＝「山林」修行を行ない、入唐して長安で半年の最終仕上げに励み、32歳で密教の法統を受け継いだのだ。ただしこの行程は、能力と努力がありさえすれば、かならずしも不可能ではないだろう。

空海があえて渡唐までしてめざしたのは、当時の最新思想であった密教を体得し、日本に持ち来たり、朝廷をはじめ、広く伝えることだった。その密教思想の核心を、頼富本宏が述べる「即身成仏」と「密厳国土」のキイワードを借りて述べるならば、次のようになる。

△即身成仏――俗と聖

日本密教の基本は、仏に代表される聖なるものと、人間のような俗なるものが、「ある」状況下で聖と俗が合一しうるという神秘主義の一種である。聖と俗というも、もともと次元の異なるこの垂直関係が、可能性としてはかならず結びついて成り立っていると確信するのが、密教の信仰である。

しかし重要なのは、その結合は可能性（本有）であって、その実現には、「修行」によって体得（修生）する必要がある。鉱石はたしかに貴重な資源だ。だがそのままでは使いものにならない。精錬なしに貴金属は生まれない。同じように、「本有の成仏」が「修生の成仏」になるとき、はじめて即身成仏といえる。

対して、「密厳国土」の原意は、見事に荘厳された大日如来のおられる仏国土を指す。ところが、われわれと大日如来とは本質的に異ならない。人間にはみずからの周囲に存在しているすべての世界が密厳国土ということになる。この世界は、父母・衆生・国王・三宝（仏法僧）の恩を感じ、それぞれとの関係を生かす世界である。空海が綜芸種智院を創設し四国満濃池を修築したのも、その現れだ。これは同次元要素の関係で、水平構造を成している。

△「神学・政治論」

このように、空海を中心とする日本密教の中心思想は、仏とのつながりを見いだす即身成仏の垂直構造と、それを基盤とするが、現実の世界をより理想的なものとしてゆく密厳国土の水平構造を統合したものである。これは垂直関係を第一義とするインドの密教と、つねに政治や社会との関連を配慮するチャイナの密教を、日本の文化風土のもとで統合した所産なのだ。

こう見ると、空海の密教＝神秘主義は、国家と国民を領導する、（スピノザの著書名に倣っていえば、）「密教（神学）政治論」の内実をもつ、きわめて世俗的な色彩を帯びたものといわなければならない。これは非難していうのではない。仏の力で現世に極楽浄土を築こうというのが、チャイナならびに日本仏教の伝統である。もちろん空海もその中にいた。

それに空海の性格がきわめて権謀術数（マキャベリズム）の用意周到なこと、その人誑しに長けていることには驚かされる。最澄に対してだけではない。旧仏教南都諸宗に対しても、とりわけ朝廷、天皇に対してもだ。じつに目配りがいいというのか、用意周到でありかつ速攻果断であった。司馬遼太郎が『空海の風景』であますところなく描写したようにだ。

世界史上を見ても、その政治能力ということにかぎっていえば、哲学者で空海に優るものはいなかったと断言できるように思える。もちろんマキャベッリに数倍優ること、いうまでもない。ただしこれはあくまでも「伝説」を介してであって、空海の「実像」はほとんど明らかになっていない。まさに名前が示すように、広大無辺な（つかみどころがない）のが「空海」である。

△参考文献

①空海『三教指帰』『弁顕密二教論』『秘密曼荼羅十住心論』『秘蔵宝鑰』『即身成仏義位』最澄『顕戒論』『法華秀句』②『弘法大師空海全集』（全8巻　筑摩書房）『空海コレクション』（1・2　筑摩学芸文庫　2004）『最澄』（日本思想大系4　岩波書店　1974）『最澄　空海』（日本の名著3　中央公論　1977）『最澄・空海集』（日本の思想1　筑摩書房　1969）③三浦周行編『伝教大師伝』（京都考古会　1927）宇井伯寿述『印度大乗仏教中心思想史』（久遠閣　1934）宇井伯寿『仏教汎論』（岩波書店　上下　1947・48〔合本　1962〕）岩本裕『密教経典』（仏教聖典選7　読売新聞社　1975）頼富本宏『密教』（講談社現代新書　1988）立川武蔵『最澄と空海』（講談社　1998）渡辺照宏『沙門空海』（筑摩学芸文庫　1993）宮坂宥勝『密教世界の構造』（筑摩書房　1982）宮坂宥勝・金岡秀友・真鍋俊照『密教図典』（筑摩書房　1980）

第6章　紫式部——世界文学の成立、あるいは時代小説の可能性

1　物語の成立

△説話から物語へ　竹取から宇津保まで

《今は昔、竹取の翁といふ者ありけり。》

は、紫式部が日本最初の物語と記した『竹取物語』（9世紀後半から10世紀前半？）の冒頭であり、題材、形式ともに口承説話を色濃く受け継いでいる。

同時に強調しなければならないのは、竹取物語の読者は、物語が仮構であるということを自覚していながら、その仮構を「事実」であるかのように受け取るという「約束」を知っていることだ。この点で、口承説話が、語られる内容がどれほど非現実的でも、それを事実と信じなければ成り立たないこととは根本的に異なっている。

非現実と知りながら、非現実を事実とみなそうとする享受者の態度を生み出した一因は、9世紀後半に現れた『竹取物語』をはじめとする仮構物語が、その題材をチャイナの伝奇小説から得ていることにもある。チャイナの伝奇で語られている非現実の出来事を、外国の異聞であるとし、強いて事実だと意識する必要はなく、それを日本語の文脈（仮構）のなかで事実らしく書き記そうと（翻案 adaptation）したのだ。

つまり最重要なのは、『竹取物語』が漢語ではなく、日本語で書かれたということである。日本語によって書かれない文学が、日本人の文学ではありえない。逆にいえば、外国語で文学を創造することはほとんど不可能事ということだ。

《むかし、式部の大輔、左代辨かけて（*兼ねた）清原の〈王〉有りけり。》

は『源氏物語』の「母体」ともいわれる『宇津保物語』（10世紀後半？）の冒頭である。この点では源氏の母体といわれる宇津保も、口承説話の形式を残している。しかし宇津保は、「口承」と「輸入」からなる物語から、「創作」へと飛躍している。仮構《フィクション》というが、「非現実」よりも「創作」がより大きなウェイトを占めるようになっているのだ。

『源氏物語』の冒頭、

《いずれの御時にか、女御、更衣あまたさぶらひ給ひけるなかに、……》

は明らかに口承説話の名残をとどめている。しかし「昔話」ではない。仮構物語を和歌（第一芸術）と対等な地位にまで押し上げた純然たる日本語（日本人）の「創作」である。

△紀貫之――日本文学＝「日本語」の文学

日本語の文学を意識的にはじめたのは紀貫之（８７１?～９４６）である。

貫之は名門に生まれたが、紀氏一門は政争に敗れたこともあり、官位は最晩年に従五位上、ポストは土佐守を務めたが「木工権頭」で終わっている。だが歌の世界では、最初の勅撰和歌集『古今集』の選者であり、歌の力によって、宮廷で重きをなした。

紀貫之の第一の功績は、「和風」の確立である。日本独特の文芸・表現方法である和歌を、漢詩の風下におかれた第二芸術から第一芸術にまで高めようとした貫之の文芸・思想史上で果たした役割は、どれほど大きく見積もって足りないくらいだ。

『日本書紀』はチャイナ史から日本史が自立する宣言だった。しかし、その形式（ともに素材）はあくまでも唐風《チャイニーズ》であった。『万葉集』の最高の歌人といわれる柿本人麻呂でも基本的には同じである。

貫之が選者となった『古今和歌集』は、漢詩文全盛のなかで、漢詩文の六朝風な表現を好んで採用し、智功的なニュースタイル、個性を感じさせないような個性という、微細な差異的表現（「さま」）を確立しようとする。この新様式は、和歌が私的な（恋の）世界に退いて停滞していたのを、漢詩とならぶ公的な意想伝達の手段として登場させることを可能にした。勅撰和歌集の成立であり、和風の確立である。

貫之にはもう一つの功績がある。和文日記を始めたことだ。

10世紀初めに和文日記が生まれた意義は大きい。第1に史書と同じようにリアルな対象（人物や事件）を叙述する作品が創始されたこと、第2に筆者が成熟した視点で叙述する方法をもったことだ。第3に読者を想定して書かれている。つまりフィクション（仮構物語）を読むかなり高度な読者が生まれていたということだ。

貫之は（残存するものとしてははじめての）和文体の『土佐日記』を書いた。一人称の作品である。その冒頭に、ある。

《男もすなる日記《にき》というものを、女もしてみむとて、するなり。》

筆者は女ではなく、男（貫之）であることは公然の秘密である。

作中の述主（ナレータ）の女は、貫之の分身である主役と離れた位置から、彼女だけが知りうる主役とその関係世界を叙述する単純な方法だ。ただし述主が一面的な表現方法をとることで、貫之が隠さなければ描けないほどの「世の苦さ」を隠すことができた。一人称作品の効用である。

この一人称作品に対して、混合人称というか、二人称と三人称が入り交じった『蜻蛉日記《かげろう》』や『更級日記《さらしな》』がある。ときに述主と主役が混線する。完全な三人称の作品に『和泉式部日記』があり、いちじるしく「物語」の要素が多くなる。すべてを知ることのできる視点を用いることができるからで、文章も伸びやかで、今日理解する「日記」(ダイアリー)とはおよそ異なっている。

というのも、当時の「日記」とは、実在の個人の生活経験を題材にする和文作品のことだが、その実在個人は作者自身であるとはかぎらないからで、仮構日記というゆえんだ。

2 歴史と小説

△ヒストリィとストリィとフィクション

「歴史」も「物語」も書かれたものである。記録であり、書いた人がいる。どんなに事実に忠実に書こうとしても、書かれたものはフィクションである。ノンフィクションというジャンルがあるが、実録であろうと記録映画であろうと、事実に重きをおいた(とされる)フィクションなのだ。

司馬遷『史記』も「記録」である。正史(「本紀」)があり稗史(「列伝」)がある。正史は歴史《ヒストリィ》で、稗史は物語《ストーリィ》あるいは小説とジャンル分けすることは可能だが、ともにフィクション、書かれたもので、仮構、創造(創作)なのだ。

以上をふまえていえば、『日本書紀』は歴史だが『源氏物語』より虚構性が強く、『源氏物語』

は仮構だが、『日本書紀』より現実性《リアリティ》が強い、という反語的評価が可能だ。ちなみにこういうことだ。

『日本書紀』に登場する聖徳太子は、用明天皇の第2子で、実在の人物とされているが、その人物像はまさに釈迦と瓜二つ、この世のものとも思えない超能力の存在というほかない。対して『源氏物語』の光源氏は、創作された虚構の人物である。だが、超人的能力の持ち主ではない。高貴ではあるが、超人＝超能力者からはほど遠い、むしろ失敗多く、悩み多き存在で、作者はその主人公の行為と心意の交錯を展開する。

現在のわたしたちが、『日本書紀』の聖徳太子のくだりを読むと、虚説の類を述べているに過ぎないと感じざるをえず、『源氏物語』で源氏の一代記を読むと、仮構の世界が描かれていると得心できても、その生活史はまことにリアルで、わたしたちの心に迫ってくるのは、まさに歴史と物語、事実と虚構の関係をいみじくも物語っているといわなければならない。

『日本書紀』のモデルは『史記』だが、『源氏物語』のモデルはチャイナの小説ではない。ところが『源氏物語』は、世上いわれている純粋小説ではなく、『史記』の列伝（稗史）ともいうべき「時代小説」なのだ。

△時代小説

『源氏物語』は「もののあはれ」の文学、「殊に人の感ずべき事の限りをさまざま書きあらわして、あはれを見せたるものなり」と記したのは本居宣長だ。しかし、折口《おりくち》信夫がいうように、「(もののあはれのように) 趣味だとか、哀感だとかという程度でなしに、残忍な深いもの」をもって書いてあるのが『源氏物語』なのだ。

それに源氏物語の結構は「歴史小説」である。この規定ににわかに頷きにくい人でも、「源氏の一代記」である、さらにいえば、源氏と紫の上を中心に展開される物語である、ということにはさほど反対されないだろう。では『源氏物語』はいつの時代、天皇の御代を擬して書いたものであろうか。これははっきりしている。

源氏の父である桐壺帝に擬せられているのは醍醐天皇（在位 897〜930）で、源氏に擬せられるのは源高明《たかあきら》（914〜982）で醍醐天皇の皇子、母が更衣（天皇の侍妾《じしょう》で、女御《にょうご》の下位）の源周子《しゅうし》（935〜?）。高明は920年、源氏を賜姓され、参議、中納言、大納言、右大臣から、967年左大臣に進んだ。だが藤原氏に警戒され、菅原道真と似た形で、969年「安和の変」で大宰権帥に左遷され、失脚し、972年帰京を許された。

当代の天皇は七歳で即位した一条天皇（在位986〜1011）で、その后は紫式部が仕えた彰子（中宮）であり、道長の娘だ。

もちろん小説である。モデルと作中人物は同じではない。たとえば、臣下である光源氏が賜った位、「准太上天皇」などというのは、歴史上「前例」がない。『源氏物語』は「過去」物語で、政治的文化的に「現在」とは切れ離れているという「構え」をあくまでもとっている時代物、フィクションであるということだ。

その特徴をいえば、『源氏物語』の舞台は、政治的には藤原氏の権勢独占を嫌った皇室・天皇が、菅原道真を登用したり、皇子を臣下に降すなどして重用し、藤原氏独占を牽制した時代に当たっている。

しかし時代小説としてみれば、源氏のモデルは源高明ということになるだろうが、作者が生きるのは道長を頂点とする藤原氏にとって最後となる「全盛」期なのだ。だから過去の物語に仮託して、「源」など藤原氏以外のものを権力の頂点に置くべしなどと作者が主張しているのではない。逆である。

歴史上のモデルは源高明だが、光(光り輝く)源氏に仮託された理想的な人物のモデルは、ほかでもない、「この世をばわが世とぞ思ふ望月の欠けたることもなしと思へば」と歌った道長をおいてほかにない。付け加えれば、光源氏の栄光は一代限りであったのだから、やはり藤原が権勢を集める世がよろしい、ということになる。

ただし、女(作者)が歴史や政治のことなどを記すのは異なこととみなされていたのだから、「いつの御代のことであったか」とわざと時代を明示しない書き方をして、読む人におのずから、ああ、あの時代の、あの方々のことがモデルになっているのだなあ、と自己了解できるようにしたのだ。

△日本紀などは「かたそば」である

しかし『源氏物語』は時代小説という形を取っているが、たんなる過ぎ去った時代の哀歌、賛歌、懐旧談などではまったくない。またたんなる光源氏の一代記でもない。

第1に、とくに第1部（桐壺から藤裏葉までの33帖）に現れているように、『史記』の「構成」をはっきり意識し、踏まえて書かれている。

『史記』は「本紀」で政治の主導権、帝位をめぐる争いを述べ、「世家」や「列伝」では本紀の主要な登場人物の生い立ちからはじめて詳しい人物像を描写することで、「歴史」（＝作品）の過程を、全体と部分、正史（歴史）と稗史（物語＝小説）、王統史と個人史、中心と周辺、の描写が有機的重層的に結びついて、いきいきと展開してゆく仕掛けになっている。

『源氏物語』は正史と稗史を別立てで構成しているわけではなく、源氏一代記の「本流」の帖に「傍流」の帖を挟み込んでおり、一見すれば、読み手に煩わしさを感じさせるように思える。だが『史記』を踏まえ、かつそれとも異なる構成展開を見せ、むしろ「大説」（政治史）ではなく「小説」（稗史）として見れば、格段に優れた趣をもっている。すなわち「主」に「傍」を介在させることで、長さからいってもまた男女の恋を主軸にした宮廷物語でもあることからいっても、一見して冗長を免れえないと思える『源氏物語』が、場面場面の色合を深く濃くすることができていて、読み切り連載長編小説のように、読者の知的あるいは興味本位的関心を長く引きとどめておくことができるほどに魅力ある展開となっている。

なるほど『源氏物語』は小説である。そらごと《フィクション》である。だが作者は源氏をして、あなた（玉鬘）がいま写している小説にこそ（『史記』や）「日本紀」（国史）よりも重い、筋の立った、詳しいことが書いてあるのだろう、と皮肉っぽくいわさせている。本当のところ、紫式部は、『史記』を踏まえて書きながら、世家や列伝のない日本紀などは「方傍」（一端を書いたもの）だと暗にほのめかし、しかも『史記』よりもわたしの書く時代小説のほうが重く、筋が立って、詳しいのだ、と言い放っているのに等しい。

ただし、『史記』の世界と時代小説としての『源氏物語』の世界は異なる。最大の相違は、帝位をめぐる争いがチャイナと日本でははっきり異なっていることだ。チャイナで皇帝をめぐる争いは、血統ではなく、実力で決まる王道＝「覇道」である。日本では皇位をめぐる争いは、皇位が皇族でなくては継ぐことができないため、皇族の血縁とその血縁に結びついた勢力家たちとの争いで決まる王道＝「皇統」である。

たとえば冷泉帝が、いったん臣下に降った光源氏が父先帝の弟ではなく、実父であると知って、「父」に皇位を譲ろうとするのも、「血」ゆえである。ただし先帝の「子」ゆえに帝位に就いた冷泉帝は、「父」ではありえない源氏に皇位を譲るわけにはゆかない。それゆえに、弥縫策として歴史上実例がないことを承知の上で、母桐壺と同じように、「准太上天皇」（天皇の父母）の位を源氏に賜ったのである。

△現代小説

『源氏物語』は時代小説である。しかし総じて時代小説が過去の歴史に姿を借りた形の現代小説であるように、『源氏物語』もまた現代小説である。

なによりも作者が、『源氏物語』の舞台となる宮廷で、それもまだモデルとはっきりわかる時代から100年とたっていない時代に生きている。その読者（宮廷人）にはモデルとなった時代を生き、知っている人は少なくなったが、まだ現存している。

「降る雪や明治は遠くなりにけり」と中村草田男が吟じたのは1931年（昭6）であった。明治元年からでも60有余年のことだ。この半世紀余のあいだに、国運を賭けた日清・日露戦争があり、欧州大戦があって、関東大震災ありで、激動続きの大変動期である。それでも、明治を生き、知っている人が多数現存しており、明治から昭和はまだ陸続きなのに、「遠くなりにけり」なのだ。

『源氏物語』の作者も読者もまた現代人なのだから、『源氏物語』は現代人に読んで理解できる内容と表現をもっていなければならない。

しかも作者は当代一条天皇の中宮彰子に仕える身であり、『源氏物語』はこの彰子の「注文」によって書かかされたもので、いわばパトロン持ちの作品だ。しかもこの彰子を正面からも背後からも支えているのが、その父で、当代ナンバーワンの実力者藤原道長で、パトロンのパトロンである。

『源氏物語』の内容は宮廷「生活」である。上は天皇、道長を中心とする権勢者、宮廷サロンのメンバーたちだ。中宮彰子のサロンだけではなく、この時代の文化人の過半を占める広がりをもっていた。

読者は、『源氏物語』における左大臣家と右大臣家との権力闘争を、当代の争いである叔父道長と、関白道隆の子でありながら、菅原道真や源高明と同じように大宰権帥《ごんのそち》に左遷された伊周《これちか》との争いにダブらせて読んでいる。

モデルをもつ時代小説を読む大きな誘因の一つは、そのモデルが当代のだれに擬すことができるかというような興味本位のものから、自分もその麗しいモデルのようになりたいという成功談、逆に、モデルのようなまちがった道は取らないぞというような反面教師的内容の教訓談まで、種々雑多ある。しかし政治、文化、実生活にかかわりなく、モデルを持つということは重要かつ貴重である。じつに多様な人間モデルを提供する『源氏物語』は人生指南書的役割さえ担っているといっていい。西鶴の『好色一代男』をはじめとして、『源氏物語』をモデルに多くの「現代」小説が書かれたゆえんでもある。

3　「反省の書」

△「小説」の可能性

『源氏物語』は、バルザックやトルストイが試みた「全体小説」と、プルースト『失われた時を求めて』やジョイス『ユリシーズ』が試みた「意識の流れ」の小説との、2つながらの先行者であり、21世紀の小説の可能性を示す指標《ガイドライン》であると中村真一郎はいう（『王朝物語』）。頷ける。だがその当否は別にして、司馬遼太郎が語りかつ実践したように、小説はどんなものでも盛ることのできる「器」である。何をどう書いてもいいのだ。

たしかに『源氏物語』は全体小説といえる。これほど、歴史と政治が見事に作品のなかにしっくりと埋め込まれた小説は類を見ないといってもいい。

あるいは主人公の無意識を捉えようとする意識の流れの小説ともいえる。

たとえば、源氏は、子の薫が源氏の3番目の北の方（正妻）で兄朱雀院の子である女三宮と内大臣（源氏のライバル）の子柏木のあいだに生まれた秘密を知る。冷泉帝がじつは自分と内大臣の姉で桐壺帝の中宮であった藤壺のあいだに生まれた子であったという事実と同じようなことが、次世代でも起こったのだ。この宿縁に驚きつつ、しかし妻を奪われたという無念さで激しい怒りに襲われる。大人の態度でその怒りを抑えていたが、ある宴で柏木に会うや、秘密露見の怖れと呵責の念に囚われている柏木に、酒をむりやり勧め、ねちねちと絡んでゆく。それがもとで柏木は病に伏し、亡くなる。

この「若菜」の帖で源氏が示した「心」、コントロールしつつしかしコントロール不能な、相手を死の一歩手前まで追い詰めてゆく「無意識」の流れの描写の巧みさは、相手を生かしつつ殺すという残忍なやり口であるとともに、殺す一歩手前で引き返すという、人間であることの悲哀を表しているといっていい。

もちろん『源氏物語』を純粋恋愛小説として読むこともできる。家庭《ファミリィ》小説といってもいい。女から女へと渡り歩く不倫男の一代記だとしても、もちろん読める。

小説で何をどのように書け、などという定律はない。したがって、どのように読んでもいっこうにかまわない。『源氏物語』の作者は、むしろ百人百様な仕方で読まれるということを自覚した上で書いているのだと思える。

△「色好み」

『源氏物語』では光源氏をはじめ男たちがさまざまな女遍歴を重ねる。好色文学といわれる理由である。もちろん相手は女なのだから、『源氏物語』は女たちの愛＝好色の物語ともいえる。

『源氏物語』を光源氏の華麗な性遍歴の一代記として読むことはもちろんできる。この時代、妻の生家に男が通うというのが普通である。源氏は左大臣家の葵の上の居所がホームグランドだ。ただし、父桐壺帝の妻藤壺の美しさに恋いこがれていることもあって、源氏は年上の妻とはねんごろになれない。しかし「雨夜の品定め」で目覚めさせられたのか、六条の御息所《みやすんどころ》、夕顔、帝の后の藤壺、鼻が象のように長い末摘花、朧月夜、等々と次々に契りを結んでゆく。まさに好色のかぎりを尽くすかに見える。しかもその権勢絶頂期には、春夏秋冬の四町からなる御殿を造営し、紫の上をはじめとする妻子たちを住まわせている。妻たちは、それぞれ別町＝別殿で、ほとんど顔を見合わせることもなく、独立の営みをしているのだから、徳川期の「大奥」とは異なるが、後宮《ハーレム》といってもいい。「好色」文学といわれる理由だ。

しかし光り輝く美貌で、生まれもこの上ない源氏が特別なのではない。源氏の終生のライバルになる右大臣家の頭中将をはじめ、大なり小なり、一見すると「女色」に励んでいるのだ。むしろ懸命《いのちがけ》であると表現したほうがいい。しかし男が好色であり、女が男を引き入れるのには社会的政治的理由がある。

貴族は有力な家の娘を妻にし、その実家の支えによって出世の道を競う。だから「色好み」には政治的経済的理由がはっきりあり、好色でない男は生存競争を勝ち抜くことはできない。もちろん純然たる「好色」もある。「雨夜の品定め」で源氏は中品（中位の階級）のなかにいい女がいると聞き、素性のわからない女（夕顔、朧月夜）、あるいは後ろ盾のない女（末摘花、紫の上）とも結びあう。

この点は、位相が違うが、女も有力な身分の男と結ぶことで、上は帝の后、帝の母（准太上天皇）をはじめ、高貴な位と経済的安定をえることが可能になる。源氏の母桐壺の更衣がまさにそうで、帝の子（源氏）を生むことで、将来を約束されるが、帝の寵愛を独り占めすることで、他の女御たちによる嫉妬と陰湿な妨害によって、源氏を産んで亡くなってしまう。

特に有力者にとって、娘は権勢を得る、保つ強力な「武器」になる。入内して子を産めば帝の母（国母）となり、皇族につながることができる。権勢家の息子を迎えることができればその血族に連なることができる。

この逆のことが起こる場合もある。源氏は、東宮に入内することになっていた右大臣家の娘朧月夜と密会を続けたため、露見し、右大臣ならびに（源氏の母に対する妨害の急先鋒であった）右大臣の娘弘徽殿《こきでん》の大后の怒りにあい、自ら須磨に隠棲を余儀なくされる。右大臣家の掌中の玉（勢力伸長の武器）に傷をつけたという理由からだ。

先に触れたように、柏木と妻女三宮が密通して生まれたのが息子（薫）であると知ったとき、源氏が陰湿とも思えるやりかたで柏木を死に至らしめたのも、嫉妬からだけではないだろう。息子夕霧とともに柏木が自分の後継者であり、権力闘争の切り札的存在とみなしていたことが「反古」になったと思えたからだ。事実、これを契機に源氏の老いの自覚と権勢衰退が始まる。

△「反省」の書

宣長の「もののあはれ」は、「なんとも名状のできぬような心うごき」というようなもので、宣長は源氏を深読みしすぎて、「あはれ」と「もののあはれ」を同義語として、源氏の「もののあはれ」でないものまで、その時代のものとしている。宣長の「もののあはれ」は「趣味というくらいしか意味はない」のであって、源氏のはもっと「狭い」し、その「もののあはれ」も「特殊な深さ」がある。こう折口信夫は語る。至言である。

この「特殊な深さ」を的確簡潔に語ったのが、「反省の文学源氏物語」（折口信夫全集8）で、その末尾でいわれる。

《源氏物語は、男女の恋愛ばかりを扱ってゐるように思われてゐるだろうけれど、我々は此物語から、人間が大きな苦しみに耐へ通してゆく姿と、人間として向上してゆく過程を学ばなければならぬ。源氏物語は日本の中世に於ける、日本人の最深い反省を書いた、反省の書だと言ふことが出来るのである。》

その通りだとして、では「反省」とは何であろうか。源氏物語は、われわれがさらによい生活をするための、反省の目標として書かれたということだ。

《光源氏の一生には、深刻な失敗も幾度かあったが、失敗が深刻であればある程、自分を深く反省して、優れた人になって行った。どんな大きな失敗にも、打ち負かされて憂鬱な生活に沈んで

行く様なことはない。》

しかも源氏の場合、自分が若いときに犯したのとおなじ過ちを、他の若い人たちから仕掛けられるようなことが起き、いまさらながら身にしみておのれの過ちをもう一度も二度も省みなければならなくなる。

「内からの反省と外からの刺激」、ここに「二重の贖罪」が行なわれなければならず、何か別の（御息所が化した生霊や死霊なども入る）力が外から源氏に深い反省を迫っているように感じられる。ところが、御息所の生霊や死霊は源氏自身には取り憑かない。もっぱら源氏のおもいびとたちに取り憑くのだ。これは源氏を御息所がまだ愛しているからではない。源氏が深い自省にもとづいて、過誤や困難を克服していこうとする性格の男だからだ。

こういう不屈で自立自存の男をこの時代に造型した功績を軽く見てはいけない。

こう折口とともにいいたい。源氏の現代モデルとされた道長などは、家柄がいいだけで、特に政治的能力や自立自存の道を歩む信念の持ち主ではなかった点を考えると、作者が人間造形力に特に秀でていた点を強調する必要がある。

△横川の僧都

『源氏物語』は光源氏の最期にしろ、宇治十帖の最後にしろ、ハピーエンドとはほど遠い終わり方をしている。特に長編54帖の最後は、匂宮と薫の板挟みになった浮船が入水自殺を試みるが果たせず、横川の僧都に再三願い出て、出家をする。そこに薫の使いが訪れるが、浮舟に会うこともできず、むなしく帰って、その結果を薫に伝えた。薫は浮舟に男がいるのかななどと邪推するところで終わっている。

『源氏物語』には、藤壺はじめ多くの女性が出家するケースが出てくる。しかし浮舟の出家は他のケースといささか異なる。ポイントは横川の僧都だ。

比叡山延暦寺の横川は、権勢化し、僧兵化した本院から離れた隠所で、修行に専念するものがこの地に籠もった。１００５年、ここに籠居したのが源信である。

源信はすでに『往生要集』を撰集し、念仏往生を基本とする浄土教を日本に根づかせようとした。浄土教の大きな特徴の一つは、「女」でも往生できるということにあった。『源氏物語』に出てくる宮廷女性の出家のほとんどは、過酷な現実の葛藤、困難を逃れるために行なわれた。同時に出家は来世で救われるための仏行専念でもあった。だがその生活は尼寺に籠もり、人を断つという類のものではなかった。

対して浮舟の出家は、たとえだれとであろうと浮き世の縁を切り通すという覚悟のもとでなされている。「横川の僧都」は源信であると特定されているわけではないが、作者にとっても、読者にとっても「横川の僧都」といえば源信を指すこと自明である。

薫が自分の不実を棚に上げ、浮舟がどこぞの男に囲われているのかなどと邪推しているさまは、浮舟とはなはだ好対照といわなければならない。

『源氏物語』は源氏の一代記という性格を持ちながら、女の手になる、男に伍して政治にも文化にも生活にも個性的に生きた女たちの物語、女独特の人生記（論）である性格を最後まで失っていない。

△参考文献

①紫式部『源氏物語』『紫式部日記』清少納言『枕草子』②『源氏物語』（古典文学大系14〜18）同（新潮日本古典集成全8冊）『枕草子　紫式部日記』（日本古典文学大系19　岩波書店）②谷崎潤一郎・新新訳『源氏物語』（9＋別巻　中央公論社）与謝野晶子訳『源氏物語』（日本文学全集1〜2　河出書房）林望『謹訳源氏物語』（全10巻）③『折口信夫全集』（第8、14巻　中公文庫）『折口信夫全集ノート編』（第14、15巻中央公論社）清水好子『源氏物語の方法』（東京大学出版会　1980）同『源氏物語手鏡』（共著　新潮選書　1975）小西甚一『日本文藝史　Ⅱ』（講談社　1985）廣瀬ヰサ子『源氏物語入門』（英対訳・スーザン・ダイラー　1989）中村真一郎『王朝物語』（潮出版　1993）手塚昇『源氏物語の新研究』（至文堂　1926）

第7章　清少納言――「日記」文学とはなにか？

日本固有の文学＝「和文作品」は「和歌」からはじまった。10世紀のことで、この世紀の後半、日本文学は一挙に開花する。驚くべき高速かつ凝集度であるといっていい。その頂点に立つのが『古今和歌集』であり、散文では長編「物語」（小説）の紫式部『源氏物語』であり、短章性を特色とする「日記」文学の精華たる清少納言『枕草子』である。

紀貫之、紫式部、清少納言が、日本文学の道を開き、進んだ第一走者（ファーストランナー）といわれるゆえんだ。

1　『枕草子』は「日記」文芸だ

△宮廷《サロン》文学

作者紫式部の生前中、『源氏物語』の読者は宮廷人にかぎられた。すでに述べたように作者が仕えた中宮彰子のサロンが中心であったが、『源氏物語』がどんなに優れた作品であったとしても、それだけが時代から孤立超然と生まれ出たわけではない。

先行する「竹取」から始まり「宇津保」に至る和文の物語があった。「土佐日記」に始まる記録日記とは異なる仮構日記があった。また実録日記とでもいうべき清少納言『枕草子』がある。『源氏物語』はこの『枕草子』をはっきり意識して書かれている。清少納言も、中宮彰子と対抗するもう一方の皇后定子のサロンに属していた。

2人は年齢こそ違え、よく似た境遇を生きた。

紫式部（973?～1014?）は藤原為時の次女として生まれ、曾祖父兼輔の家で育った。和歌をよくし漢籍にも親しむ。紀貫之のパトロンでもあった兼輔以下、一門には優れた歌人がいる。結婚・死別の後、1006年に一条天皇中宮彰子に仕える。

対して清少納言（966?～1025?）も父が歌人の清原元輔で、結婚・離別の後、993年に一条天皇の中宮定子のもとに出仕し、10年仕える。才媛の多い宮廷のなかでもきわだった存在だった。

△「随筆」なのか？

平安期、散文には「物語」（『竹取物語』）と「日記」（『土佐日記』）の流れがある。同時に、一見して物語と日記の性質をあわせもった『伊勢物語』別称『在五（＊在原家の五男）中将日記』があるように思える。

では物語と日記の違いはどこにあるのか。小西甚一は、仮構か実録かよりも、むしろ「作中の主役人物について語られた作品なのか否かを規準」とする。物語は「非実在または実在の人物に関係する事件を題材とする過去時制の散文作品」であり、日記は「実在人物の生活体験を題材とする現在時制の散文作品」(『日本文藝史Ⅱ』)という。小西の「規準」にしたがえば、『伊勢物語』は「物語」であり、『枕草子』は、清少納言の時代では、日本はもとよりチャイナ(宋)にも存在しなかった「随筆」ではなく、日記の一つとして理解すると、誤解を生まないだろう、ということだ。これは、文学のジャンルを表現「内容」ではなく、表現「形式」で基本区分する、賢明な方法と思える。

△「辞書としての枕草子」

だが『枕草子』は、文学形式としては「日記」であり、仮構日記の『土佐日記』と異なる実録日記(記述が事実に対応しているかどうかではなく、作者が事実と見なして記述している)ではあるが、内容上、およそ四種に大別することができる。

①市「は」や島「は」に、②心ときめきする「もの」に代表される同類の事物を列挙する類聚型　③随筆評論風(102編)、④回想記(32編)である。

①②をあわせて「類聚」(同種のものを集める)形態ともいわれるが、これこそ『枕草子』の、

他の実録日記などに見られない、もっとも大きな特徴をなすものといっていいだろう。
宮中にある人々は、貴人も女房も、それぞれの意想を「和歌」で伝達できなければ、「雅」を解する人とは思われなかった。雅の人たるべき公家として失格の烙印を押されかねない。それで必死になって『古今和歌集』を暗記したり、故事来歴を学ぼうとしたのである。
《春はあけぼの。やうやうしろくなり行く、山ぎはすこしあかりて、むらさきだちたる雲のほそくたなびきたる。
夏はよる。月の頃はさらなり、やみもなほ、ほたるの多く飛びちがひたる。また、ただひとつふたつなど、ほのかにうちひかりて行くもをかし。雨など降るもをかし。……》(1段)
春、夏の「情景」そのものの味わいよりも、「春」や「夏」を詠むとき「曙」や「月」のかくしかじかの情景を詠むのが「をかし」(よろしい)、という。
《書《ふみ》は　文集《もんじふ》(白氏文集)。文選《もんぜん》。新賦《しんぷ》。史記。五帝本紀。願文《ぐわんもん》。表《へう》。博士の申文《まうしぶみ》。》
歌詠むためには、この程度の漢書を学ぶ必要がある。
《すさまじきもの　昼ほゆる犬。春の網代。三四月の紅梅の衣《きぬ》。牛死にたる牛飼。ちごのなくなりたる産屋。……》(25段)
《うつくしきもの　瓜にかきたるちごの顔。雀の子の、ねず(鼠)鳴きするにをどり来る。二つ三つばかりなるちごの、急ぎてはひ来る道に、いと小さき塵のありけるを目ざとに見つけて、いとをかしげなるおび(指)にとらへて、大人などに見せたる、いとうつくし。……》(151段)

①「……は」や②「……もの」には、作者の美意識も混入しているが、その基本は宮中人としてもっていなければならない、とりわけ歌詠みに必要な基礎・共通観念や感受性および知識である。歌詠みの「常識」といってもいい。折口信夫は「辞書としての枕草子」と特記し、「辞書としての用途」、「記憶すべき語彙」「手習いとしての方便」と書き、特に身分の低い女房が、中宮などという貴人を直接教えるのは困難だったから、「辞書（としての枕草子）」を通じて「感染〔間接〕教育」する要があったと述べる（「枕草子解説」）。歌で意思伝達する必要のない現代人には、一見して、ぴんとこない点だろうが、『枕草子』が当時も後代も大いに読まれ・写され・必携とされた部分である（だろう）。

しかし、清少納言が「辞書」としての用途を目的に書いたのかどうかは、明らかでない。林和比古が述べるように、意識せずおのずとそうなった、あるいは後代にそういう編纂のされ方をした、というべきだろう。

△「人気」の秘密

『枕草子』で（今日まで）もっとも人気がある部分はどこだろう。

1　冷静かつ鋭利な皮肉の効いた③の随筆評論的部分だろうか。

大庭みな子訳「男こそ、なほいとありがたく」（268段）である。

《（1）男というものは、まったくふしぎなわけのわからないものである。たいそうな美人の妻をすてて、不美人の女を持ったりする。（②）宮中にでいりできるような男性なら、女のなかからこれこそはと思う女をえらんだらよい。手のとどかないように思えるひとでも、よいと思ったら、死ぬほど思いつめて得たらいいのに。（③）高い身分のお嬢さんだの、まだ見たこともないひとでも、美人だときけば、どうしても得たいと思うのは人情だが、女の目にもよくないと思うようなひとをいいと思うのはどういうわけかしら。

（④）美人のうえに、気だてもよく、字もじょうずで、そういう手紙をその女からもらっても返事だけはかっこをつけて書くけれど、じっさいにはよりつかず、女がなげきしずんでいるのに、見すててしまうのを見ると、あきれて、ひとごとながら腹立たしく、いったいどうなっているのかしらと思うのだが、男は相手の女の気持ちなどまったく理解しないらしい。》（仮に①～④と分けてみた。）

①～④に共通するのは、清少納言とも思えない「愚」評言だということだ。司馬遼太郎は『新史太閤記』で、秀吉の唯一ともいえる「癖」（病気）に、美人好み・出自のよさ好み、があったと軽く揶揄している。ただしその病が、信長の妹、お市の方の、お市の子淀君の偏愛につながり、ひいては豊家を滅ぼす一因となった。

男ってわけがわからず、女を解しないふしぎな存在だ。①美人妻を捨てて、不美人女をもつ。②高嶺の花だと、簡単にあきらめ、③高位の娘や美人と聞けば求め、④美人で気だてもよく字も上手な、女の目から見てもこれだと思う女をうっちゃったままにする。清少納言はこういうのだ。

まるで週刊誌もどきの評言ではないか。

だが男女の相性の善し悪しをあらかじめ測る基準はない。組み合わせ次第だ。露骨にいえば「蓼食う虫も好き好き（There is no accounting for tastes.）」で、これは万国、万人共通の動かしがたい「事実」である。

このように清少納言の随筆評論的部分には、視野狭窄や偏愛的部分《マニヤック》がしばしば見られる。そこが「才媛」清少納言であるからこそ、かえってほほえましく、親しみやすいところかもしれないが。こういう清少納言の評言は、週刊誌などの読者が現代の「才女」たちのエッセイ・評言を好んで読むのが、才女たちの偏見や偏愛部分が「おかしく」「おろか」だからなのと、相通じるところがある。

2　『枕草子』の背景となっている世界、とりわけ宮中で、清少納言が仕えた宮（定子）のサロンは、一挙に、陽から陰へと暗転する。定子の父である関白道隆の急死によって定子の兄伊周《これちか》に権力が回ってこず、道隆の弟道長に移った。

しかし『枕草子』には、この権力の急転直下とでもいうべき「暗転」がまったくといっていいほど影を落としていないのだ。敗者側に属する作者が勝者側に「たてつかない」という消極的態度をとったためだ、と解することもできるが、そうではあるまい。

紫式部も清少納言も、政治的には保守派といっていい。だが『源氏物語』の「光源氏」は、道長をモデルとしたといわれているが、先に述べたように、道長をはるかに超える政治的・人間的・芸術的存在として描かれている。清少納言は、一見して、道隆・伊周親子を政治家としても文化人としても賞賛おくあたわざる存在であると描いているように思える。だが、道隆・伊周はもとより道長をさえ「時局的」存在として描き、相対・客観化することをやめているわけではない。

清少納言は定子サロンお抱えの文化人、いわば御用作家である。しかし、自分におもしろくない事態が生じれば、定子の意志なんか無視してさっさと里帰りしてしまい、仲間内から落ち目の定子サロンをみかぎって、道長に秋波を送っているのではないか、と疑われている、と（しゃあしゃあと）書いている。そういう態度や書きっぷりに表れているのは、プロ芸人（アーティスト）としての自恃だろう。和泉式部などには見いだせない、紫式部と共通する性格といっていい（のではないだろうか）。

3　『枕草子』が多くの識者に愛読され、今日でもかなりの愛読者を魅了しているのは、『徒然草』と同じように、その「短章」性にあるという意見に与したい。各段の文章も短く、故事来歴や作歌に必須な枕詞や名所等の羅列も随所に見られる。総じて瞬間の「印象」や「感想」が鮮やかに記されているにすぎないように思える。むしろ、前述した268段のように、いくらか分析的に説明すると、女の立場からの独断的な、平板で一方的なしかもありきたりの好みを開陳する結果になる。エッセイ的評論的部分もまた、宮中サロンで身につけるべき「教養」の開陳かなと疑いたくなる。

しかし、各段が短いということは、日本人の好みにあっている。和歌、俳諧がそうである。それに紫式部『源氏物語』や兼好『徒然草』のように奥深い素養というか、人間本性の複雑さにせまる思想的深刻さがない。才気煥発（クレバー）ではあるが、愛嬌（チャーミング）が勝っている。男はもちろん女にも憎めない理由だろう。

4　『枕草子』の伝本には、普通わたしたちが目にするのとはちがった、きちんと種別、テーマ別に配列した「類纂」形式のものがある。たしかに「辞書」としては「類纂」形式のものが便利だが、もちろん読んでおもしろく、含蓄深く読み取ることができるのは、テーマも内容もばらばらに配列した「雑纂」形式のものだ。『枕草子』の成功の秘訣の一つだろう。

5　特記しておかなければならないのは、回想的部分である。この部分は他と比較して段数少ないが、分量は圧倒的に多い。私見では、当時の宮廷サロンの気配や景色、つまりは雰囲気をうかがい知る最良の描写を提供しているように思える。

作品には当時の激しい政争を描写するような部分は出てこない。この作者は、定子サロン「愛」に徹しているようで、政権争いには無関心なように見える。だが道隆・伊周から道長へ、定子サロンから彰子サロンへ権力も権威も移行する必当然の姿を、冷静に観察できていたように思える。道長がどれほど狡猾であったにしろ、伊周・隆家兄弟派の高慢・愚策・愚行がなければ、ああも簡単に政権移行できなかったのは、少し事情に通じている人ならば明らかだっただろう。

ただし作品のなかに政争の「影」さえ落とさないようなクールな作家の目と筆さばきは、当時の歴史事実や政治現実から学びとったものだと解するのは困難だ。作者清少納言生来の性質（才能）というほかない。作中で清少納言は、同僚はもとより皇后定子にさえ、道長派に寝返ったと思われて、「すねて」見せているが、「おとぼけ」のように思われる。

△日本人を支配する季節感

日本にはくっきりした季節がある。日本人の季節感が豊かだとされる理由だ。しかし、近代的建造物やドア・ツウ・ドアのモータリゼーションの拡大、コンピュータや冷暖房設備の完備等、近代的・人工的生活様式の導入によって、季節の変わり目がはっきりしなくなり、日本人の季節感が稀薄になったといわれる。一面ではその通りかもしれない。しかしだ。熟読されたい。

《春はあけぼの。やうやう白くなり行く、山ぎはすこしあかりて、むらさきだちたる雲のほそくなびきたる。

夏は夜。月の頃はさらなり、闇もなほ、ほたるの多く飛びちがひたる。また、ただひとつふたつなど、ほのかにうちひかりて行くもをかし。雨など降るも、をかし。

秋は夕暮。夕日のさして山のはいとちかうなりたるに、からすのねどころへ行くとて、みつよつ、ふたつみつなどとびいそぐさへあはれなり。まいて雁などのつらねたるが、いとちひさくみゆるはいとをかし。日入りはてて、風の音むしのねなど、はたいふべきにあらず。

冬はつとめて。雪の降りたるはいふべきにもあらず、霜のいとしろきも、またさらでもいと寒きに、火などいそぎおこして、炭もてわたるもいとつきづきし。昼になりて、ぬるくゆるびもていけば、火桶の火も白き灰がちになりてわろし。》（1段）

私事になるが、三〇年来、北海道は石狩平野東端中央部の丘陵地に住んでいる。『枕草子』が現れてから一〇〇〇年余、当地では毎年春三月半ばから五月はじめにかけて、わが家の西方に展開する景色は、「蛍」は姿を消し「炭」「火桶」は灯油・ストーブに変わったが、『枕草子』のそれと、寸分といえば大げさになるものの、ほぼ違わないのである。

しかし正確を期していうと、わたしは、わが眼前で移り変わる景色を、当の景色を映写機で移し探るように（リアル）ではなく、すでに『枕草子』が切り取った季節毎の景色「範型」（パラダイム）を通して（リアリスティックに）観ているのである。わたしが、総じて日本人が、一〇〇〇年前と同じ季節感、美感を共有する理由だ。ことのほか感動するのは雪をかぶった西方の連山の端に日が落ちるときである。まさに、

《日は　入り日。入りはてぬる山の端に、光なほとまりて赤う見ゆるに、薄黄ばみたる雲のたなびきたる、いとあはれなり。》（252段）

の通りなのだ。あはれであり、さらに尊・貴い。『枕草子』はその登場以来日本人の季節感、景感の「範型」＝「理念」（イデア）となり続けてきた。これも草子の「辞書」的用途の一つともいえるが、辞書を遙かに超えた日本人に共通する民族「感」（センス）といっていい。

△略伝・参考文献

生没不詳（966?〜1025?）『後撰集』の選者で有名な歌人、清原元輔59歳時の末娘。道長と同年、中宮定子や紫式部より10歳年上。81年橘則光と結婚、1子もうけたが離別。90年元輔任地肥後（守）で死去。同年、摂政道隆娘定子入内＝中宮。93年、定子に仕える。95年道隆死去、右大臣道長（道隆弟）、内大臣伊周（道隆男）。96年伊周、太宰権帥に左遷、中宮落飾。00年定子皇后、彰子（道長娘）中宮、同年12月皇后崩御。01年初め清女致仕。

①『枕草子』②『枕草子　紫式部日記』（日本古典文学大系19）『枕草子・方丈記・徒然草』（現代語訳　日本古典文庫10）③折口信夫「枕草子解説」（『全集』10）小西甚一『日本文藝史Ⅱ』寺田透『枕草子』（古典を読む12）」大庭みな子（訳）『枕草子』（21世紀 少年少女古典文学館4）大伴茫人編『枕草子』（ちくま文庫）赤塚不二夫の古典入門（マンガ）『枕草子』林和比古『枕草子の研究』（右文書院）

2「女房」の文学

△世界文学史上の「奇蹟」

《男もすなる日記といふものを、女もしてみむとてするなり。それの年（承平四年）のしはすの

二十日あまり一日の、戌の時に門出す。》

あまりにも有名な『土佐日記』の冒頭で、女に仮託した「男」紀貫之が作者である。漢文ではなく和文による仮構日記のはじまりだ。それから本物の「女」の日記がつぎつぎに現れた。『蜻蛉日記』『枕草子』『紫式部日記』『更級日記』『和泉式部日記』で、すべて読まれること（読者）を意識して書かれた、その内実と表現で日本史上だけでなく、世界史上に類を見ない文学事件であるといっていい。

特筆すべきは、これらの日記が、宮廷に仕える女官や妻、すなわち「女房」の手によって書かれたということである。平安朝文学史は、「散文の文学史」、さらにいえば「女房の文学」が上り詰めて頂上に達した時代で、これが転じて次代の文学になったものと見られる（「後期王朝の文学」）、と折口信夫はいう。竹取物語にはじまる「物語」とともに、土佐日記にはじまる「日記」が、女房文学の名のもとにともに日本文学の不可分の一契機であり、『平家物語』や『徒然草』を、遙か隔たって『好色一代男』や『東海道膝栗毛』を生む不可欠の発光源であるとはほぼ常識になっているといっていい。だがこの常識だけでは不足だろう。

この日記文学を、『源氏物語』と同じように、世界文学史上における「奇蹟《ミラクル》」として取り上げ、ジャパンスタンダード即グローバルスタンダードの「実例」として位置づける必要がある、というのがわたしの意見だ。『枕草子』と『紫式部日記』についてはすでに述べたので、ここでは『和泉式部日記』をとりあげる。

△『源氏物語』に触発されて──歌物語『和泉式部日記』

『和泉式部日記』（1151？）をはじめて一読し、まず面食らったのは、登場する和歌数の多いことだった。歌物語『伊勢物語』と同じように、「和泉式部（歌）物語」とでもいったほうがいいのではないだろうか。およそ8カ月の短期間（？）に、147首におよぶ和歌の贈答によって1組の男女の恋のやりとりが進行するという、一見して、和歌の心覚えがなければ、この作品がもつ独特の味わいがわからないように思わせる。

『伊勢物語』（全125段）は、「歌日記」ともよばれるように、『和泉式部日記』とほぼ同じ分量で、収録歌数は209首だから、けたはずれに多いようだが、「昔男」とよばれる主人公に擬される在原業平作歌は35首で、あとは他の歌集から拾われたものだ。対して、和泉式部の歌は、作者（和泉式部）と相手の帥宮《そち》（敦道親王）とのあいだにかわされたものである。『和泉式部日記』は『源氏物語』の一巻平均と同じ分量だが、歌数でいうと源氏は各巻平均15首に満たない。源氏に歌は不可欠だが、和泉は歌が本筋である。「解説」はいう。

《かれらの歌は、それぞれの情況において、特にその心理的・社会的情況に即応して詠まれ、受けとめられてゆく。ためらい、不信、不安、決断等の情動の繰り返しが、歌のことばを導き、それがまた次なる与件を創り出してゆく、「和歌的秩序」とも評されるゆえんである。》（野村精一校注『和泉式部日記　和泉式部集』新潮日本古典集成）

男女のあいだの「色恋」の駆け引きにとって不可欠な歌は、こう詠って女に贈り、こう詠って男に答える手引き・実例集のように読むことさえできる。

紫式部は和泉式部の歌才を認める。だが「口にいとうたのよまるるなめり」というように、即興の才とみなす。たしかに和泉式部生涯の作は１２００首を超えるといわれる。驚くべき多産家だ。

この作品、長きにわたって歌「物語」に分類されてきた。だが今日なぜに「日記」なのか。そういわれなければならないのか。

主人公は「女」と三人称で呼ばれる。だが明らかに、女は作者の擬態で、８カ月にわたる日々、男との関係を作者（「女」）が実録風に記した「日記」の文学という他ないものなのだ。（作者の実体験をベースにした〔といわれる〕私小説が一般化した現代なら、この作品は歌を主体にする「日記」体の恋愛小説として立派に通る。）

△源氏物語のエキス＝「色好み」を肥大化して

『和泉式部日記』の作者（といわれている）和泉式部は、帥宮の屋敷に入り（１００３年12月）、1子をもうけ、宮＝敦道親王が死去（１００７年10月、27歳）した翌年、中宮彰子（道長女）の女房となり、紫式部とサロンをともにする。この日記もおそらく藤原道長の下命があって書かれたにちがいない。読まれることを覚悟してのものである。この点『枕草子』や『源氏物語』に変わらない。

紫式部は宮中トップの座を占める中宮彰子のサロンのスターである。和泉式部にとって大物先輩であるだけでなく、『源氏物語』の作者である。憧れの人にちがいない。同時に、才があり、数度のスキャンダルにもめげない気丈で、自分を恃むところのある和泉式部にとって、紫式部は一矢《し》報いたい存在であった（にちがいない）。「一矢」とはなにか。

紫式部は「やすやす」と歌を作る清少納言の才を明らかに嫉妬している。その清少納言の歌才にさらに和泉式部が勝るものといえば、おのずと口から流れ出るように次から次に歌を作ることができる当意即妙の才である。『源氏物語』にはない「歌の秩序」でこの日記が書かれた、書かれなければならなかった理由だろう。

『源氏物語』は「好色」の文学といわれる。しかしいわゆるポルノグラフィとはちがう。男女の「色好み」には皇位継承問題を含む権力闘争、政治的・社会的理由があったのだった。もちろん『和泉式部日記』にも「権力」闘争の影はさしているが、作者は思い切って、男女の「好色」の情動・心理的側面をもっぱらに、せいぜい貴人の生活儀式や慣習を紛れ込ます程度に、描くことに徹しているように思える。

つまり源氏にある要素、「歌」と「好色」の肥大化、極端化を狙ったのである。歌にあふれ好色に満ちた、ほとんどこの2要素だけで『和泉式部日記』ができあがった、といってみたい。1つだけ、贈答歌を紹介しよう。

《御文あり。ことばなどすこしこまやかにて、
「語らはばなぐさむこともありやせむ言ふかひなくは思はざらなむ
あはれなる御物語り聞えさせに、暮れにはいかが」とのたまはせたれば、
「なぐさむと聞けばかたらまほしけれど身の憂きことぞ言ふかひもなき
生ひたる蘆にて、かひなくや」と聞えつ。》

現代人には手練手管ややらせとおぼしき2人の駆け引きでも、当時の貴人と女たちにとってはごく常套のことであったにちがいないのだ。

文学は文学から生まれるほかない。先達の知識や技法を継承し、造りかえるだけではない。先達の一部を、あるいは先達にはわずかしか存在しえなかった要素を肥大化、極大化して、無から有を生み出し、部分を全体に極大化して、新しき作品を創造しようとするのである。『源氏物語』から下がること数段というのが『和泉式部日記』の文学的評価であったとしても、この日記はやはり一大「創造」であったといいたい。

△略伝・参考文献

生没不詳（978?～1034?　以下式部の年齢は推定）19歳、橘道貞（のち和泉守）と結婚。24歳、為尊親王と恋、26歳（為尊親王死去の翌年）弟の敦道親王と契る。30歳、敦道親王死去（27歳）。31歳、中宮彰子に出仕。33歳、致仕し、藤原保昌（20歳ほど年上）と結婚、1036年

59歳、保昌没。道貞、敦道親王とのあいだに各1子ある。

①『和泉式部日記』②『土佐日記 かげろふ日記 和泉式部日記 更級日記』（日本古典文学大系20）『和泉式部日記 和泉式部集』（新潮日本古典集成）『土佐日記 和泉式部日記 蜻蛉日記 更級日記』（現代語訳 日本古典文庫8）③小西甚一『日本文藝史Ⅱ』折口信夫「後期王朝の文学」（折口信夫全集6）大庭みな子『枕草子』（少年少女古典文学館4）寺田透『和泉式部』（日本詩人選8）

あとがき

1　藤原不比等は、長いあいだ特段に気になっていた人物であった。私なりに、とつおいつ追い続けていたが、本書執筆の最初の契機となったのは、やはり馳星周さんの時代小説『比ぶ者なき』（中央公論新社　２０１６）であった。この小説には、人をそそる、そうそう、司馬遼太郎さんとはまた違った意味での、「人誑《ひとたら》し」の魅力がある。

くわえて、２０２４年度ＮＨＫの大河ドラマが『光る君へ』に決まり、その時代考証を倉本一宏氏が務めるというのだ。氏には『持統天皇と皇位継承』（吉川弘文堂　２００９）という問題作がある。１９６０年代、わたしたちが親しんできた直木孝次郎氏や上田正昭氏たちのとは、かなり違ったというか、くっきりした論が展開されている、と思える。

ただし、不比等と天皇制の問題には、光明子→皇太后の存在意味を明らかにしなければならない、という「失われたリンク」問題がある、というのが私の主張である。いわゆる「四文字元号」の歴史意味だ。

2　源氏物語を中軸とする王朝文学の問題は、少し理屈が勝ちすぎている、と思われるに違いない。それでも、最澄と空海問題に、それに大伴家持と紀貫之に特段の光を当ててみた。

それでも、「哲学」出の私のことだ。それに谷沢永一の薫陶を受けた。折口信夫と小西甚一の

「学徒」に過ぎない。……ということで勘弁願いたい。
それにしても、大石静の『光る君へ』は、面白く、切ない。文芸の極につながる。そう思える。

鷲田小彌太

2024年7月7日　盛夏

鷲田小彌太（わしだ・こやた）
1942年、白石村字厚別（現札幌市）生まれ。1966年大阪大学文学部（哲学）卒、73年同大学院博士課程（単位修得）中退。75年三重短大専任講師、同教授、83年札幌大学教授。2012年同大退職。
主要著作に、75年『ヘーゲル「法哲学」研究序論』（新泉社）、86年『昭和思想史60年』、89年『天皇論』、90年『吉本隆明論』（以上三一書房）、96年『現代思想』（潮出版）、07年『人生の哲学』（海竜社）、07年『昭和の思想家67人』（PHP新書〔『昭和思想史60年』の改訂・増補〕）、その他91年『大学教授になる方法』（青弓社〔PHP文庫〕）、92年『哲学がわかる事典』（実業日本出版社）、2012年～『日本人の哲学』（全5巻、言視舎）ほか、ベストセラー等多数。

装丁……足立友幸
編集協力……田中はるか
DTP制作……REN

藤原不比等と紫式部　日本国家創建と世界文学成立

発行日❖2024年7月31日　初版第1刷

著者
鷲田小彌太

発行者
杉山尚次

発行所
株式会社**言視舎**
東京都千代田区富士見2-2-2 〒102-0071
電話03-3234-5997　FAX 03-3234-5957
https://www.s-pn.jp/

印刷・製本
中央精版印刷㈱

ISBN 978-4-86565-277-2　C0023